HENRI BATAILLE

LES MÉMOIRES INTERDITES DU VALET DE LÉOPOLD II

LA VIE CACHÉE DE LÉOPOLD II

CHAPITRE PREMIER

Comment est mort Léopold II, roi des Belges

Bien qu'attendue depuis longtemps, annoncée, démentie journellement par la presse, la nouvelle de la mort de Léopold II causa partout une émotion profonde. La santé du souverain, déjà si chancelante à Lormoy et à Balincourt, allait chaque jour en déclinant.

Au retour de son dernier voyage à Paris, le monarque avait été atteint d'une violente crise rhumatismale qui inquiéta alors grandement son entourage. Quelques semaines plus tard, le roi des Belges ressentit les premières atteintes du mal qui devait l'emporter : la paralysie partielle du gros intestin.

À cette époque, Mme de Vaughan résidait à Balincourt où le souverain venait de faire un séjour prolongé. Dès son arrivée à Laeken, il s'empressa de donner des ordres pour l'aménagement de la villa Vandenborght, la favorite du roi devant venir s'y installer. Tout le personnel de Mme de Vaughan étant à Balincourt, le baron Snoy mit à sa disposition des domestiques détachés du château de Laeken. Le mardi 7 décembre, Mme de Vaughan arriva à Bruxelles à 16 h 14, juste accompagnée d'une femme de chambre et de son garde du corps, le capitaine M...

Le Roi, très souffrant, et dont le moral était fortement atteint, attendait avec impatience la venue de son amie. Mais celle-ci, au lieu de se rendre directement au chevet de l'illustre malade, se fit conduire d'abord à la villa Van der Borght. Elle ne fit son entrée au pavillon des Palmiers qu'à neuf heures du soir.

Elle resta enfermée avec le souverain jusqu'à dix heures. Il fut convenu alors que l'automobile « Mors » faisant partie du service spécial de la cour serait uniquement affectée à Mme de Vaughan, qui en userait à sa volonté, de jour comme de nuit.

Le lendemain matin de bonne heure, la favorite, qui avait rendez-vous avec son architecte, M. Giraud, visita longuement la propriété attenante à la sienne et dont Léopold II venait de lui faire cadeau. L'esprit très libre, elle commanda de nombreuses transformations et approuva les embellissements, alors en cours d'exécution.

Quelques heures plus tard, la baronne retourna à Laeken. Des meubles de prix, transportés par dix-sept tapissières, venaient d'arriver du chalet d'Ostende, complètement démeublé. Le roi avait offert récemment à Mme de Vaughan ce somptueux mobilier. Celle-ci, en hâte, prit ses dispositions pour faire diriger sur Balincourt ce souvenir princier. Mais les événements se succédèrent si rapidement qu'elle n'eut plus le temps de réaliser son projet.

Une légère amélioration ayant été constatée dans l'état de santé du souverain, la favorite se rendit le samedi suivant au théâtre du Parc accompagnée de Mme X... À peine s'était-elle installée dans la loge qui lui avait été réservée, qu'elle aperçut, dans une avant-scène voisine, la princesse Clémentine. Mme de Vaughan multipliait, volontairement, les marques d'hostilité à l'égard de la fille du roi. Elle n'eut garde cette fois de changer son attitude envers elle : les deux femmes, pendant un entracte, se croisèrent dans un couloir du théâtre. La favorite, sans interrompre sa marche, s'avança vers la princesse, mais celle-ci, ostensiblement, et à la vue de l'amie de son père, fit demi-tour et lui tourna le dos.

Cet incident fut d'autant plus commenté par les spectateurs présents que l'on ne parlait à Bruxelles que de la maladie du souverain et de la situation spéciale de sa maîtresse. À l'issue du spectacle, Mme de Vaughan fit appeler l'automobile qui avait été mise à sa disposition par le baron Snoy et qui portait sur la caisse l'écusson royal. Devant cette nouvelle provocation, la princesse Clémentine, qui se trouvait non loin de là, tourna la tête, et passa...

Ce même soir, sans s'inquiéter de l'état de santé du monarque, la favorite rentra directement à la villa Van der Borght. Le Dr Thiriar, médecin particulier de Léopold II, peu rassuré sur l'état de son illustre client, venait de décider de loger aux Palmiers...

Le dimanche matin, mandé d'urgence par le roi, le baron Auguste Goffinet, secrétaire des Commandements, arriva à Laeken. Il se rendit immédiatement dans la chambre du souverain où il s'entretint seul à seul avec lui. Puis il passa dans le cabinet de travail de Léopold II où, pendant une heure, il se livra à une perquisition en règle des papiers du monarque. Il fit faire de ces documents plusieurs ballots et les emporta dans son automobile particulière, pour une destination inconnue.

L'après-midi du même jour, le baron Goffinet revint à Laeken et, sur l'ordre de Léopold II, prit la direction de tous les services du château. Dès ce moment, le baron Snoy cessa officiellement ses fonctions.

À deux heures, saluée par toute la domesticité, la baronne de Vaughan arriva à Laeken : elle était suivie d'un valet de chambre portant une lourde valise contenant les vêtements et le linge personnel de la favorite. Reçue immédiatement par le souverain, elle s'installa à son chevet. Elle ne devait plus le quitter.

Le roi était étendu sur une chaise longue, suivant la prescription du médecin. C'est sur cette chaise longue qu'il mourut. À un certain moment, alors que Mme de Vaughan parlait de faire établir un lit pliant pour son usage propre, le monarque refusa : il exigea que la baronne *couchât dans son propre lit,* ce qu'elle fit le soir même. Les repas de la favorite lui furent servis dans le cabinet de travail de Léopold II, communiquant avec la chambre à coucher.

Le même jour, le roi fit appeler le baron Goffinet et, devant le haut personnel de la Cour, lui ordonna d'obéir, en tout et pour tout, aux ordres de Mme de Vaughan.

Le lundi matin à sept heures, le notaire du roi arriva en automobile. Après s'être entretenu quelques instants avec lui, et dès qu'il fut parti, le souverain fit appeler le baron Goffinet. Devant lui, il remit à Mme de Vaughan sa montre et sa chaîne, à laquelle pendait une médaille d'or, don du pape Léon XIII, qui fut autrefois nonce à Bruxelles. Léopold II prononça alors textuellement les paroles suivantes, entendues par deux domestiques du palais : « Je vous prie de constater que je remets ces bijoux à Mme la baronne de Vaughan, afin que personne ne puisse, par la suite, lui causer des ennuis au sujet de ces souvenirs. »

Le souverain portant au poignet un bracelet en or aux armes de Belgique auquel était attachée une petite montre, ajouta : « Aussitôt après ma mort, j'exige que ce bracelet soit remis à Mme de Vaughan. »

Ce désir formel fut pieusement enregistré par le baron Goffinet qui s'empressa de l'exécuter, dès que son maître eut fermé les yeux.

À midi et demi, Mme de Vaughan quitta les Palmiers emportant une grande valise pleine d'objets de valeur. Le baron Snoy vint lui-même placer cette valise dans la voiture à côté de la favorite. L'automobile conduisit Mme de Vaughan à la villa Van der Borght où elle ne resta que quelques minutes : deux domestiques vinrent apporter dans la limousine qui attendait, une sacoche poussiéreuse, une serviette bourrée de papiers et, probablement, de valeurs relatives à la dette congolaise.

En troisième vitesse, l'auto gagna le siège de la Société Générale de Belgique, impasse du Parc.

La maîtresse de Léopold passa une heure dans cet établissement. Elle y laissa la valise amenée de Laeken, la sacoche et la serviette de la villa Van der Borght, puis, directement, elle retourna à Laeken. Pendant ce temps, vers deux heures et demie, la princesse Clémentine et la comtesse de Flandre étaient arrivées aux Palmiers. Le roi consentit à recevoir la princesse Clémentine qui resta près de son père exactement sept minutes. Elle ne devait plus le revoir. Malgré toute l'insistance de la princesse, le souverain se refusa absolument à admettre auprès de lui la comtesse de Flandre.

Contrairement à toutes les informations publiées par les journaux, Léopold II, roi des Belges, n'accueillit près de lui, pendant sa maladie, aucun des membres de la famille royale ; sa fille seule triompha de cet ostracisme. La comtesse de Flandre n'approcha pas le roi ; le prince Albert, héritier de la couronne, malgré ses démarches pressantes, ne put fléchir la volonté du souverain. La princesse Élisabeth fut renvoyée sans aucun ménagement et à telle enseigne que, mortellement froissée, elle ne voulut plus revenir.

La comtesse de Flandre et la princesse Clémentine n'ignoraient pas la présence de Mme de Vaughan à Laeken. Elles eurent à ce sujet avec le baron Goffinet de nombreux entretiens, dont certains furent orageux. Le baron promit aux princesses d'éloigner la favorite dès l'issue fatale avenue. Il assura même devant moi que Mme de Vaughan serait reconduite à la frontière, afin de prévenir tout scandale.

La baronne se joua de toutes ces menaces. Elle partit de Laeken à son heure, et seulement quand elle le voulut bien.

Assistée de deux sœurs de charité, la favorite conféra pourtant au roi les soins les plus dévoués. L'une des religieuses, une personne naïve et simple, resta toujours fermement persuadée que Mme de Vaughan n'était autre que la princesse Clémentine. Elle s'extasiait sur le bon cœur de la baronne et disait à tout propos : *Quelle sainte fille, et combien touchant est son dévouement filial.*

Le jour où fut opéré le roi, à deux heures, la comtesse de Flandre, la princesse Clémentine et le prince Albert arrivèrent à Laeken. Ils se réunirent dans le salon loggia servant de chambre à coucher au baron Goffinet et au Dr Thiriar.

Le baron Goffinet me fit appeler et me plaça de faction devant la porte en me recommandant de ne laisser pénétrer personne dans la pièce et de n'ouvrir sous aucun prétexte. Tout le monde redoutait un acte d'éclat de la baronne et le hasard pouvait l'amener précisément dans la pièce où la famille royale tenait conseil.

Le prince Albert et les princesses restèrent une heure aux Palmiers. Ils demandèrent avec insistance à voir le roi, mais ils durent se retirer sans avoir obtenu satisfaction.

Dans la nuit du jeudi au vendredi, à deux heures du matin, le téléphone sonna brusquement près de la chambre du souverain. Tout le monde se précipita et, l'espace d'un instant, ce fut, dans le palais, le désarroi général : c'était le baron Goffinet qui prévenait le prince Albert. Le roi était sa toute dernière extrémité : un exprès courut, en hâte, chercher le doyen de Laeken.

Mais quelques minutes plus tard, Léopold II était mort : le bruit de sa fin se répandit comme une traînée de poudre dans le palais. La baronne de Vaughan ne l'avait pas quitté ; le roi des Belges a littéralement succombé dans ses bras.

Après le premier moment d'émotion provoqué par ce grave événement, le baron Goffinet procéda à la toilette suprême de son maître : il passa au souverain la grande tenue de général de l'armée belge. Mme de Vaughan s'assit à côté du lit. À trois heures du matin, les phares des automobiles du palais trouèrent l'obscurité froide de la nuit. Elles amenaient les membres de la famille royale.

À ce moment, dans la chambre mortuaire, une scène excessivement violente et fort pénible avait lieu. Elle mérite de demeurer historique. Le baron Goffinet s'approchant de la favorite lui commanda, respectueusement, de s'éloigner en lui faisant comprendre que sa place n'était plus aux Palmiers : les yeux emplis de larmes, secouée de sanglots, la maîtresse du roi refusa, avec fermeté, d'abandonner la dépouille mortelle. Le baron Goffinet, en termes mesurés, mais énergiques, n'en insista pas moins. Alors, subitement dressée, et déchirant son mouchoir de batiste, Mme de Vaughan s'écria : *je suis la femme du roi... mon devoir est de veiller son corps.* Toute la domesticité présente a pu entendre ces paroles.

Au même instant, un officier de service pénétrait hâtivement dans la chambre mortuaire ; il salua rapidement le baron Goffinet et l'avertit qu'il ne précédait que de quelques secondes le prince Albert et les princesses, qui se dirigeaient vers les appartements du roi. En entendant cette déclaration, Mme de Vaughan hésita une minute, puis elle eut une nouvelle et violente crise de larmes... Enfin, elle se laissa emmener, à la condition qu'elle ne s'éloigne que le temps nécessaire pour permettre aux princes et princesses d'approcher le corps du souverain. Aussitôt après leur départ, elle reprit sa place au chevet du lit. Elle y demeura prostrée, anéantie, pendant tout le temps que dura le défilé des serviteurs du château, admis à s'incliner devant la dépouille du roi. Il faut reconnaître qu'à ce moment, son attitude provoqua toutes les sympathies.

À huit heures, le vendredi matin, un photographe arriva et Mme de Vaughan se retira pendant qu'il prenait plusieurs clichés du monarque.

Le baron Goffinet profita de ce moment d'accalmie pour revenir à la charge, en demandant à la baronne de quitter Laeken. Il tenta de lui faire comprendre combien sa position était fausse et pénible : elle refusa pourtant et obstinément de souscrire aux désirs du commandant du palais.

Je ne partirai pour personne, je ne partirai que quand je le voudrai, et elle revint dans la chambre mortuaire.

À midi, le nonce du pape arriva et Mme de Vaughan passa dans la chambre voisine. À une heure, le capitaine M..., garde du corps de la favorite, se fit annoncer. Le baron Goffinet le reçut et renouvela ses prières relatives au départ : une violente altercation éclata alors entre les deux hommes. M.M. soutenant la baronne, s'oublia jusqu'à menacer le baron Goffinet. Très calme, celui-ci quitta la pièce, en annonçant qu'il allait avoir recours à l'intervention judiciaire.

Une demi-heure encore, Mme de Vaughan et M. M… restèrent enfermés ensemble dans la chambre du roi, puis, la favorite fit demander une automobile. Secouée de sanglots, appuyée sur le bras de son compagnon, elle y prit place, saluée par tout le personnel comme une véritable souveraine. La limousine qui appartenait au service du roi défunt et qui devait être laissée à la disposition de la baronne jusqu'à son départ pour la France se dirigea droit sur la villa Van der Borght. Le baron Goffinet, qui redouta jusqu'au dernier moment un geste d'esclandre de la baronne de Vaughan donna, le matin des funérailles de Léopold II, les instructions les plus sévères pour que la police éloignât des abords du cortège toute voiture automobile, quelle qu'elle fût.

Détail curieux : on retrouva dans la chambre du roi un papier réglant entièrement le bal de la Cour qui devait être donné en décembre. L'ordonnance et le protocole de cette solennité avaient été fixés par la favorite. Toutes les notes étaient de sa main.

CHAPITRE II

Le mariage du roi

Les fables les plus extraordinaires ont circulé parmi le public à propos du mariage de Léopold II, roi des Belges, avec Caroline Lacroix, baronne de Vaughan.

Les uns ont prétendu que cette union datait de la naissance du petit duc de Tervueren ; les autres ont assuré que la cérémonie religieuse avait eu lieu, à Rome, dans le plus grand secret. Les reporters, bien informés, ont écrit que l'union morganatique s'était conclue à Nice, lors d'un dernier séjour de Léopold II dans cette ville. La vérité est que le roi des Belges a épousé Mme de Vaughan au palais de Laeken, *in articulo mortis* et quelques minutes avant l'opération que lui fit subir son chirurgien particulier.

L'autorité religieuse se préoccupait grandement de la liaison royale. Quand l'état du souverain commença à inquiéter les médecins de son entourage, le doyen de Laeken fut chargé de rappeler au monarque ses devoirs religieux.

Le lundi après-midi, et dans la journée qui précéda l'intervention chirurgicale, ce prêtre vint aux Palmiers. Il fut reçu immédiatement par le roi qui s'entretint longtemps avec lui. Léopold II se confessa et pria l'ecclésiastique de revenir dans la soirée.

Une petite chapelle avait été installée dans la chambre du malade. Le souverain entendit pieusement la messe et communia, vers les six heures du soir.

Comme le doyen de Laeken quittait le roi, je le croisai dans un des couloirs des appartements royaux. Le doyen, qui paraissait extrêmement satisfait, me confia avec ravissement *que le roi avait fait preuve d'une piété exemplaire, que c'était un excellent chrétien et qu'il se souvenait admirablement de toutes ses prières, chose étonnante pour son âge.*

Le lendemain matin, à sept heures, Mme de Vaughan, qui avait passé la nuit dans le cabinet de travail du monarque, se fit conduire à l'église de Laeken. Comme Léopold II l'avait fait la veille, elle se confessa, entendit la messe et communia. Puis elle se fit ramener, immédiatement, auprès de l'illustre malade.

À huit heures du matin, ce même jour, le roi chargea un mécanicien d'aller trouver le doyen de Laeken et de le prier de se trouver, à neuf heures, au pavillon des Palmiers. Ce serviteur, malgré tout le zèle qu'il apporta à sa mission, faillit échouer dans son ambassade. La servante du curé de Laeken ne connaissant que le flamand, il ne put arriver à lui faire comprendre l'ordre dont il était porteur. Toutefois, grâce à une personne étrangère ayant servi d'interprète bénévole, tout s'arrangea et à neuf heures, l'ecclésiastique se trouvait au rendez-vous. Léopold II le reçut immédiatement. Il s'enferma aussitôt avec lui et la baronne de Vaughan. Les serviteurs furent éloignés dans les antichambres du cabinet de travail où se trouvaient le souverain, Mme de Vaughan et le doyen, et furent sévèrement consignés.

Au bout d'une demi-heure, le doyen sortit. Il semblait extrêmement heureux. Il ne put cacher son contentement aux personnes composant l'entourage intime du monarque et assura qu'au cours de *la cérémonie qui venait d'avoir lieu, Léopold II avait eu une attitude profondément édifiante.* Dès ce moment, le bruit courut dans le palais que le doyen de Laeken venait de procéder au mariage secret du roi des Belges.

Mme de Vaughan, quittant la chambre royale, parut de son côté grandement satisfaite. Dès ce moment, elle se montra particulièrement empressée auprès de l'illustre malade, multipliant les marques de son dévouement. Le souverain lui-même affecta une bonhomie et une tranquillité d'esprit qui ne pouvaient qu'être l'indice d'une conscience en règle avec les lois de l'Église...

Aussitôt après cette entrevue secrète, et comme si le roi n'eût attendu que d'avoir régularisé sa situation pour se livrer aux mains des chirurgiens, l'opération eut lieu. Le souverain fut endormi au chloroforme par le Dr Goossens. Il perdit immédiatement connaissance. Mme de Vaughan resta dans une pièce voisine. Une demi-heure après, les médecins annonçaient que l'opération avait parfaitement réussi.

Léopold II ne s'est donc marié ni à Rome ni à Nice. Il a épousé Mme de Vaughan à Laeken. La cérémonie fut célébrée dans le plus grand secret possible. Mais des indices très probants ne purent tromper le personnel du château. Le doyen de Laeken lui-même, par son attitude et certains propos confidentiels, rendit toutes les précautions absolument inutiles. Si par la suite le secret le plus absolu fut gardé sur cette union, si l'on tenta de dépister la curiosité publique par des communications intéressées à la presse, le fait n'en reste pas moins certain. Ce fut dès ce moment du reste que Mme de Vaughan manifesta son hostilité ouverte aux prières du baron Goffinet. Et forte de son titre d'épouse légitime, elle commença dès cette minute à s'installer en maîtresse au chevet du roi.

CHAPITRE III

Comment j'ai connu le roi

L'hôtel de Madrid, à Séville, est l'un des établissements les plus luxueux de la ville.

Destiné à une clientèle cosmopolite particulièrement élégante, il n'est pas rare d'y rencontrer, à côté de riches Espagnols en voyage, les personnalités les plus aristocratiques du Gotha étranger. Une succursale de l'hôtel offre aux familles soucieuses d'intimité des appartements particuliers. C'est dans un de ces appartements que descendit, un beau jour d'avril 1904, un haut seigneur belge, le baron Snoy, qui venait d'arriver de Bruxelles accompagné d'une nombreuse suite.

J'étais à cette époque attaché à l'hôtel de Madrid, en qualité de chef de restaurant. Je fus avisé par la direction d'avoir à préparer un service soigné pour trois personnes : le baron Snoy, sa femme – que je sus depuis être la baronne de Vaughan – et un ami du baron, le lieutenant B... sur lequel j'aurai à revenir.

L'incognito était soigneusement gardé. Pourtant dès que le personnel de l'hôtel eut aperçu le baron Snoy, le secret de son identité devint celui de Polichinelle. Le personnage à la haute stature, à l'imposante barbe blanche, au long nez et aux yeux bleus, avait été rendu populaire par la photographie. À l'office, cinq minutes après l'arrivée de l'illustre voyageur, tout le monde savait que nous allions avoir le très grand honneur de servir Sa Majesté le roi des Belges.

Pour ma part, je résolus immédiatement de ne point persister dans une hypocrisie inutile. J'appelai résolument le nouveau « client » : *Votre Majesté.* Ayant à soumettre chaque jour au souverain le menu de ses repas, je lui laissai clairement entendre que je savais parfaitement à qui j'avais affaire. Ma franchise parut plaire au roi, et il me donna, immédiatement, une preuve de confiance.

Léopold II arrivait toujours le premier à table accompagné du lieutenant B..., son officier d'ordonnance. La baronne de Vaughan, régulièrement en retard, car longue à sa toilette, entrait la dernière dans le restaurant. Or, un matin que le souverain venait de s'asseoir dans le coin qui lui était réservé, il me dit à brûle-pourpoint :

— *La fête bat en ce moment son plein (nous étions à l'époque de la semaine sainte et la Feria avait appelé à Séville de nombreux étrangers), mais je voudrais savoir où il me serait possible de rencontrer de jolies Espagnoles, un peu moins vulgaires que celles entre-*

vues jusqu'ici. Pourriez-vous me mettre en rapport avec des Sévillanes distinguées, et vraiment belles ?

Je compris les intentions du souverain. Je répondis :

— *La chose est très facile, Sire, je suis à votre entière disposition.*

— *Prenez garde, dit le roi, je ne veux pas de scandale. Le rendez-vous doit avoir lieu dans une maison discrète et de bonne tenue. Est-ce faisable ? Naturellement, vous aurez soin de ne pas dévoiler ma personnalité... Vous m'avez l'air débrouillard... Occupez-vous de cela. Vous me répondrez demain.*

La baronne de Vaughan entra. Le roi se tut.

Le lendemain, le souverain m'ayant questionné hâtivement, il fut convenu que je l'attendrais à deux heures de l'après-midi, sur la place San Francisco. Bientôt, Léopold II apparut, escorté du lieutenant B.. Dès qu'il m'aperçut, le roi congédia l'officier et, me prenant le bras sur lequel, selon sa coutume, il s'appuya fortement, ne prononçant qu'un mot : « Allons. »

Il faisait très glissant ce jour-là. Une heure auparavant, la procession venait de passer à travers les rues de la ville et la cire, tombant des cierges allumés, avait formé sur le pavé un verglas dangereux. Mon illustre maître trébuchait à chaque pas. À travers des ruelles étroites, nous longions de véritables palais, des maisons basses pavoisées d'étoffes criardes, des cours pavées de marbre, noyées d'ombre, mangées de soleil, des grilles cachant mal le patio planté d'un bananier. Une foule bigarrée, bruyante, folle, sordide, somptueuse, nous noyait dans son flot. Marchandes de Séville portant des grenades, des guirlandes d'oignons, des paniers de poissons éclairés d'une chandelle donnant aux écailles un reflet d'argent, jolies filles en mantille, grandes dames nonchalamment étendues dans de minuscules landaus, étrangers en voyage, tous descendaient vers la Feria. Sur la chaussée, des files de mulets blancs faisaient joyeusement sonner leurs grelots, secouant leurs têtières ornées de pompons jaunes, rouges ou verts. Le roi prenait un plaisir extrême à ce spectacle de la rue. Mais, tout à coup, il constata lui-même la présence de deux agents de la sûreté qui nous filaient, avec autant de persistance que de maladresse. Cette présence énerva le monarque. Nous hâtâmes le pas et arrivâmes bientôt à la maison discrète, lieu de notre pèlerinage. Mais la vision des policiers avait rendu le souverain fort maussade. Il se contenta de deviser quelques instants avec deux jeunes Sévillanes, puis nous reprîmes le chemin de l'hôtel.

Au retour, nous croisâmes la procession. La Vierge, portée sur un tremplin par les prêtres et les enfants de chœur, était entourée de fleurs, de feuillages, de petites lanternes allumées, selon la mode du pays. Des sacristains secouaient sans interruption de minuscules sonnettes. Léopold II se découvrit et fit le signe de la croix. Mais sa main acheva le geste en s'arrêtant à la poche de son gilet de soie et, profitant de l'arrêt forcé, il me glissa entre les doigts une gratification.

Mis en goût par sa promenade, le « baron Snoy » en me quittant me dit :

— *Je pars demain pour Grenade. Je serai de retour dans une huitaine de jours. Profitez de ce délai pour me trouver deux jeunes filles tout à fait jolies et appartenant, si possible, à la bonne société. Demandez-leur un rendez-vous, je compte sur vous.*

J'avais compris... Quand le roi revint, j'avais trouvé...

Mais, cette fois, redoutant les curiosités de la police, le souverain commanda une voiture.

À l'issue du déjeuner au cours duquel il avait reçu le consul de Belgique et son officier d'ordonnance, Léopold II partit ouvertement avec moi sous prétexte d'excursion. Dans un petit hôtel propice, je fis présenter à mon maître deux admirables Espagnoles aux yeux de rêve et au corps impeccable. Léopold, très galant, demanda aux jeunes filles de danser en sa présence les pas les plus connus de la voluptueuse Andalousie.

Il avait peut-être vu de jolies filles dans la fameuse rue de Las Sierpes : les deux danseuses que je lui avais trouvées restaient deux incomparables merveilles. Dans le petit salon meublé à l'orientale où nous nous trouvions, les bruits du dehors n'arrivaient qu'assourdis. Les rayons du soleil filtrant à travers les jalousies closes mettaient une poussière d'or sur le tapis de Smyrne, servant de tremplin aux Sévillanes.

Léopold, enfoncé dans un fauteuil, suivait avec attention leurs évolutions gracieuses. Selon le désir du roi, les Espagnoles, quittant leurs vêtements, dansaient pour lui complètement nues. Elles s'approchaient l'une de l'autre, s'éloignaient, revenaient, cambraient les reins, renversaient la tête, s'arrêtant soudain, sur un brusque coup de castagnettes dans une pose prolongée, dédaigneuse et sensuelle. Mon royal compagnon s'y passionna si bien, du reste, qu'à l'issue de la séance il manifesta le désir de s'isoler, quelques instants, avec la plus belle des interprètes. Il me laissait seul avec l'autre, m'abandonnant généreusement les miettes de la table.

Trois jours après, le « baron Snoy » et sa suite quittaient Séville pour se rendre à Bruxelles.

J'avais complètement oublié Léopold II et ses piquantes équipées, lorsque je reçus un matin d'août une lettre portant le timbre de Bruxelles. L'enveloppe contenait une lettre du baron Snoy – le véritable, cette fois – qui me proposait, de la part du roi, la place de valet de chambre d'appartement auprès de la personne du souverain.

La fonction était flatteuse, les gages appréciables, j'acceptai donc la proposition du baron Snoy.

Le 1er septembre 1905, je faisais partie du personnel du palais de Laeken.

CHAPITRE IV

Le personnel du palais de Laeken

Avant d'aborder le récit de mes débuts mémorables chez le roi, je crois devoir esquisser ici, dans ses grandes lignes, l'état du personnel du palais de Laeken. Léopold II habitait depuis quelques années le pavillon des Palmiers avec quelques domestiques, et les fonctions de chacun restaient méthodiquement fixées. La plus légère erreur dans ce protocole spécial se trouvait de suite réprimée par le terrible baron Snoy.

Je ne sais quel jugement l'Histoire portera sur le baron Snoy si tant est qu'elle ne daigne jamais arrêter son attention sur ce personnage complexe, dont la situation auprès du roi était aussi spéciale que délicate. Mais je souhaite pour lui que les chroniqueurs ne viennent point se documenter à son sujet auprès du bas personnel du palais. Le baron Snoy était cordialement détesté par les gens de service sur lesquels il fit toujours peser une morgue hautaine et distante.

Esclave des volontés du roi, courtisan trop habile et homme de toutes les missions, le baron Snoy, qui portait le titre de commandant du palais, était en réalité le chef responsable de la domesticité. Quand il s'agissait des *Désirs de la couronne,* comme il disait emphatiquement, les obstacles devaient tomber d'eux-mêmes. Ni les services rendus ni les amitiés particulières ne comptaient pour lui en face d'un caprice du maître. Tout devait s'incliner devant sa volonté, reflet de la volonté royale. Et toute sa carrière fut parsemée d'injustices envers les petits et de complaisances envers les grands...

Léopold II appréciait beaucoup le baron Snoy. Le monarque – qui aimait la flatterie – goûtait fort le respect outré dont l'entourait son commandant du palais. Celui-ci, dans un sentiment de flagornerie poussé à l'extrême, avait été jusqu'à copier dans ses plus petits détails l'allure de son souverain. Il singeait ses gestes et ses attitudes et l'imitait jusque dans ses verrues. Le roi avait remarqué cette manie. Il en avait ri d'abord, puis il l'avait approuvée, ensuite.

Le baron Snoy – étudiant attentivement les goûts secrets de son souverain – n'avait pas tardé à s'apercevoir du penchant très marqué que le roi professait pour les économies. Cet amour de l'épargne qui devait plus tard tourner à l'avarice sordide fut toujours exploité par le commandant du palais. Ce fut lui qui décida par la suite Léopold II à revoir complètement la question budgétaire qui fera l'objet d'un chapitre spécial de ses Mémoires.

À la tête de la domesticité du palais de Laeken se trouvait donc le baron Snoy. Son royaume s'étendait à tout le bas personnel du château. Seuls les gens d'écurie échappaient à sa férule. Ces privilégiés étaient dirigés par le grand écuyer, le général Bricoux, homme de grand talent et à l'éducation raffinée.

Sous les ordres du baron Snoy se trouvait son lieutenant immédiat, le contrôleur général chargé d'éplucher les dépenses de la cuisine. Sa situation n'était pas une sinécure, car s'il fut une danse toujours sévèrement prohibée à Laeken, ce fut celle de l'anse du panier.

Après le contrôleur sévissait un fourrier. J'ai dit plus haut que tout le personnel domestique du palais était mené militairement. Chaque matin, le fourrier en compagnie du baron Snoy, se rendait chez le roi. Celui-ci donnait ses ordres et le baron dictait les instructions spéciales concernant chaque serviteur. L'intéressé en prenait connaissance ensuite. La plus légère erreur se réglait ordinairement par un renvoi immédiat.

Le personnage le plus important après le fourrier était le concierge. Ce cerbère n'avait rien de ce que le petit peuple peut penser. Celui qui nous intéresse aurait rougi d'être comparé à l'un de ces modestes pipelets, préposé par les propriétaires à la garde des locataires.

Le concierge de Laeken était un monsieur de poids. Le roi, qui l'avait pris en très grande amitié et lui témoignait une confiance flatteuse, ne l'appelait jamais que : *Monseigneur Martin.* « Monseigneur Martin » était un excellent drille qui avait choisi le chemin le plus court pour gagner les bonnes grâces du roi : il avait su plaire à la baronne de Vaughan ; son avancement dès ce jour fut extraordinairement rapide.

Sous les ordres de ce fonctionnaire se trouvaient des chevaliers du cordon dont la mission consistait à défendre sévèrement les portes du palais. Ces messieurs les journalistes, au moment de la maladie du roi, ont pu apprécier leur accueil hostile. « Monseigneur Martin » ignorait ces pratiques et – véritable intendant – se cantonnait à la surveillance et l'entretien du château, qu'il soignait comme son bien propre.

En dehors du valet de chambre de corps de Léopold II, qui ne voyageait plus avec le roi pour avoir déplu à la *reine* Caroline, le service personnel du monarque employait seize valets de pied, huit huissiers et un valet de chambre d'appartement – signataire de ces lignes.

Une légende s'est accréditée dans le public au sujet de la sobriété du roi. Elle est totalement fausse. Léopold II était fort gourmand et très exigeant sur les questions de table. Il voulait une cuisine soignée. Difficile et doué d'un appétit féroce, il avait réclamé une escouade de chefs triés sur le volet. Ces cadres spéciaux étaient dirigés par un officier de bouche qui commandait trois cuisiniers, deux pâtissiers, trois confiseurs, une petite armée de garçons, de marmitons et de filles de cuisine.

Quant au service des appartements royaux, il était assuré par un nombre respectable de femmes de chambre.

Léopold II, qui ne dédaignait pas les aventures galantes – il aurait rendu des points sur ce sujet à notre bon roi Henri IV – essaya toujours de « sauver la face ». Il était pieux et avait eu soin d'attacher à sa personne un aumônier et un sacristain.

Enfin, les chauffeurs et mécaniciens des automobiles royales étaient cantonnés dans un service spécial.

Bien que ces deux hauts personnages n'aient rien à faire avec le personnel de Laeken, je ne veux pas terminer ce chapitre sans accorder une mention spéciale aux barons Auguste et Constant Goffinet, respectivement secrétaire des commandements du roi et intendant de la liste civile. Véritables grands seigneurs, d'allure distinguée, accueillants et simples, ces deux dignitaires témoignèrent toujours aux gens du palais la plus bienveillante cordialité. Bien souvent, ils ne reculèrent point à prendre la défense des modestes serviteurs de cette Cour dorée contre le baron Snoy. Au moment de la maladie du souverain, notre chef responsable nous abandonna complètement, sans plus se soucier de nos intérêts. Pour certains d'entre nous, qui avaient des engagements particuliers, cette indifférence menaçait de tourner au désastre. Le baron Goffinet songea seul à s'occuper du bas personnel de Laeken et ce fut grâce à sa dévouée intervention que nous ne fûmes pas complètement oubliés dans l'affolement général qui avait gagné, à la mort de Léopold II, tout l'état-major du palais royal.

CHAPITRE V

Où l'on voit S.M. le roi des Belges, souverain du Congo, manger dans une soupière et retourner son assiette

Lorsque j'arrivai, en septembre 1905, à Bruxelles, ce ne fut point sans émotion que je me présentai au palais de Laeken.

Une seule espérance me soutenait dans mon désarroi moral. Léopold II m'avait remarqué au cours d'une aventure galante dont j'avais été le très modeste artisan. Il s'était souvenu de moi, m'attachait à sa personne. Il était à présumer qu'on allait me spécialiser dans les missions intimes.

Je dois dire pourtant que durant les premiers jours de mon arrivée à Laeken, rien ne vint me confirmer dans mes prévisions optimistes. Personne ne daigna me préciser mes fonctions et je passai une semaine entière à errer de service en service, sans être retenu nulle part.

Un matin pourtant, le baron Snoy m'apprit que j'allais être appelé à servir Sa Majesté à table, ce dont je m'acquittai à mon honneur.

À quelques semaines de là, Léopold II, m'apercevant dans les rangs du personnel qui attendait ses ordres, me fit signe d'approcher. Il appela également le tout-puissant Martin. À voix basse, le roi lui ordonna de m'indiquer les entrées secrètes de la tour japonaise et du pavillon des Palmiers. Martin s'inclina et me pria de le suivre.

En quelques minutes, je fus mis au courant du mystère de ces entrées, qui permettaient de pénétrer directement dans les appartements du roi. Tout bouleversé de la preuve de confiance que venait de me donner mon maître, j'interrogeai, anxieusement, le concierge sur le but de cette initiation. Alors, gravement, et tout pénétré de l'importance de sa réponse, Martin me dit :

— *Ces entrées dérobées, inconnues de la majorité du personnel, sont utilisées par le roi dans des circonstances extraordinaires. C'est par là que s'effectuent les réceptions diplomatiques de nature exceptionnellement confidentielles. Gardez soigneusement votre secret.*

Cette nuit-là, je ne pus fermer l'œil. Je me reprochais, violemment, d'avoir porté sur le monarque un jugement hâtif et léger. Cet homme que j'accusais de sentimentalisme exagéré veillait aux soins de son royaume en recevant, mystérieusement, des ambassades confidentielles ! J'allais, moi, simple domestique, être chargé d'introduire de hauts personnages politiques et j'entrais d'un seul coup dans les coulisses de l'Histoire ! J'échafaudais déjà sur ma fortune nouvelle des projets merveilleux et je m'endormis à l'aube avec l'âme d'un conspirateur.

Je n'allais pas tarder, du reste, à mettre en pratique mon rôle d'introducteur des ambassadeurs ! Comme le roi, vers le milieu de décembre, revenait de Ciergnon, il me fit appeler dans une des pièces du château nommée le « salon Moderne » et, là, il me dit textuellement :

— *« Il » recevra vers deux heures, aux Palmiers, une dame de Paris. Elle viendra en voiture jusqu'à la petite porte qui se trouve dans le mur avant la tour japonaise. Tu la conduiras au pavillon des Palmiers où « Il » attendra.*

J'ai oublié de dire que Léopold II, chaque fois qu'il parlait de lui-même, employait la troisième personne. C'était une manie qui surprenait grandement tous ceux qui l'approchaient. Mais on s'y faisait vite.

Clôturant l'entretien, mon maître me remit quinze francs pour payer la voiture de la visiteuse. Puis il m'ordonna de le servir moi-même à dîner. Je reçus les clefs de son appartement particulier pour être le seul à l'approcher.

Ma désillusion fut grande. J'attendais un ministre plénipotentiaire ou un prince du sang, et on me demandait de guider une jolie femme ! Mon scepticisme, du coup, comme le Phénix, renaquit de ses cendres...

Tout se passa comme le roi l'avait indiqué. La visiteuse attendue, belle personne, très brune, très élégante, que je sus depuis être une actrice en vue d'un théâtre de Paris, descendit de voiture devant la porte secrète. Je la guidai jusqu'à l'appartement du souverain où elle s'enferma avec lui.

Le soir, Léopold II me fit savoir qu'il gardait à dîner sa jolie visiteuse. Et c'est ici que se place une anecdote curieuse, fort peu propre à inspirer un respect exagéré pour les conducteurs de peuples.

J'ai dit que le roi témoignait d'un grand souci de sa respectabilité. Il pratiquait en maître la morale des jésuites : « Pas vu pas pris... » Tous ses petits coups se faisaient en dessous et il s'arrangeait autant que possible pour que le scandale de sa vie intime ne rejaillît pas sur les pierreries de sa couronne.

Enfin, il redoutait toutes les indiscrétions susceptibles d'éclairer la baronne de Vaughan.

Le souverain craignait beaucoup sa maîtresse et il lui cacha, toujours, ses frasques amoureuses.

Pour donner le change au personnel de la cuisine, mon maître me recommanda donc de ne mettre sur la table qu'un seul couvert. Quand il arriva avec l'actrice parisienne, il s'assit en face d'elle, plaçant généreusement à la portée de son invitée les assiettes, les fourchettes et l'unique verre. La dame parut d'abord un peu surprise. Mais, son royal amant lui ayant donné les explications nécessaires, elle cessa de s'étonner.

Pourtant le roi, fort gourmand, ne sut pas longtemps bouder son estomac. Pendant que je servais, grave et imperturbable, je vis le monarque s'emparer de la soupière et plonger à même sa cuillère d'argent. Il finit ainsi tout le potage. Les plats suivants défilèrent dans l'unique assiette qu'il osa se permettre. Et, au moment du fromage, prosaïquement, il retourna cette assiette, selon un geste plébéien qui eût ravi d'aise notre Pataud national...

Vis-à-vis de l'office, la respectabilité du roi était-elle sauve ? Mes convictions monarchistes se virent cependant à nouveau ébranlées. J'avais vu autrefois, à Belleville, à Montmartre ou à Picpus, dans les gargotes à quinze sous, de braves maçons ou de rubiconds cochers, faire ainsi – par économie – demi-tour à leur assiette. Mais voir un monarque, riche à millions, possesseur d'un royaume immense, manger son fromage au dos d'un plat sale, avait de quoi laisser rêveur un moins naïf que moi. Le roi trouva ce geste tout naturel. La dame, par politesse, l'accepta sans sourciller...

Cette actrice, reçue ainsi, à Laeken dans le plus grand secret, y revint cependant, dans des circonstances tragiques.

À cette époque, la baronne de Vaughan, grosse de son second enfant, villégiaturait à la Côte d'Azur. Or Léopold II supportait toujours fort mal ces veuvages. Dès qu'il était loin de la baronne « sa toute belle », comme il l'appelait dans l'intimité, il devenait vite sombre, nerveux et inquiet. Chaque jour, régulièrement et toutes affaires cessantes, il écrivait à sa favorite. J'avais l'insigne honneur de porter à la poste ce courrier royal.

Or, un événement grave vint bouleverser la Cour. Le comte de Flandre tomba malade, et Léopold II sombra immédiatement dans le plus profond désespoir. Il n'était point rare de le voir traverser les pièces du palais, les yeux rouges et la mine ravagée.

Quand le mal empira, l'affolement du monarque grandit et gagna tout son entourage. Le jour de la mort du comte de Flandre, le souverain donna les signes d'une telle douleur que nous fûmes plusieurs à craindre pour sa raison. Pourtant cette douleur ne l'empêchait pas de songer à celle qui, sous la caresse du ciel de Nice, s'apprêtait à lui donner un héritier. Son frère venait à peine de fermer les yeux que Léopold II me tendit la lettre habituelle, en me disant d'un ton navré et singulièrement paternel :

— *Va porter cela, petit, va en paix...*

Une fois de plus – et brusquement —, toutes mes préventions tombèrent. Je plaignis mon maître et ressentis sa peine. Hélas ! Pourquoi faut-il que nous ayons, tous, à nous juger les uns les autres ?

Le comte de Flandre était encore étendu sur son lit de parade ; de toutes parts arrivaient les dépêches de condoléances ; les gouvernements étrangers envoyaient au roi des ambassades extraordinaires ; le pays belge s'apprêtait à faire à l'illustre défunt des funérailles émouvantes... Je croyais le souverain occupé de son deuil et uniquement obsédé par les devoirs de sa charge. La veille des obsèques, à deux heures, mon maître me fit appeler et, froidement, me commanda de me rendre à la porte des Palmiers, pour y recevoir, une fois encore, l'actrice de Paris.

Voici la vérité, je le jure. Pendant que la nation pleurait le frère du roi et que le monde entier portait avec sympathie les yeux sur le souverain belge, celui-ci, dans la nuit historique qui précéda les funérailles nationales du prince disparu, était occupé à endormir sa peine dans les bras d'une actrice vénale, qui lui jouait, pour lui seul, la comédie de l'amour !

CHAPITRE VI

Où il est question d'un vieux monsieur distingué, de trente « inconnues », d'une mascotte et d'une fausse gantière

Je passe brièvement en revue les quelques déplacements que le roi fit à cette époque et vers la fin décembre 1907.

Ayant appris que la grossesse de la baronne de Vaughan arrivait à son terme, Léopold II décida d'aller retrouver sa jolie favorite au Cap Ferrat. Mais pour rejoindre « sa toute belle », il prit le chemin des écoliers. Voyageant en chemin de fer et dans sa berline, le souverain devait, suivant les règlements suisses, acquitter dans ce pays qu'il traversait des droits importants et un minimum de billets de transport.

L'esprit d'économie qui régissait tous ses actes s'affirma cette fois encore de façon éclatante. Il défendit à son valet de chambre de payer le plus petit de ces droits, lui ordonnant de prier les autorités suisses, s'il y avait réclamation, de s'adresser à l'État belge...

Léopold II arriva au Cap Ferrat le 26 décembre. Il demeura quatorze jours auprès de la baronne.

Mais l'événement espéré se faisant attendre, et rappelé en Belgique par des occupations urgentes, le souverain retourna à Bruxelles le 9 janvier 1906.

Il n'y resta pas longtemps. Un déplacement diplomatique l'attendait. Le 24 janvier, il prit le rapide pour Paris où il conféra, dès son arrivée, avec le ministre plénipotentiaire belge, M. Leghait. À ce moment, les relations entre la Belgique et la France n'étaient pas aussi bonnes qu'on aurait pu le désirer. Toutefois, le roi fut reçu par MM. Fallières et Loubet auxquels il rendit visite dans la journée même. Mais l'extraordinaire tempérament de mon maître ne devait jamais perdre ses droits. À peine sorti de l'Élysée, le souverain se rendit dans une maison de la rue Saint-Florentin, où il avait coutume d'aller à chacun de ses passages à Paris.

Le souverain possédait un carnet spécial qui ne le quittait jamais et uniquement rempli d'adresses suggestives. Toutes les capitales du monde y étaient représentées... J'accompagnai mon maître dans cette « tournée » et j'eus l'insigne honneur de lui remettre, moi-même, ses bottines.

Le 26, Léopold II débarquait à Villefranche. Il gagna immédiatement son yacht qui l'attendait sur place. La baronne de Vaughan venait de donner le jour au petit duc de Tervueren...

Le 11 mai de la même année, le souverain belge, de retour dans ses États, se réinstallait à Laeken.

Le roi, réclamé par ses sujets et obligé de s'occuper de plusieurs questions de politique intérieure, dut faire quelques voyages diplomatiques dans le pays. Or, personne n'ignore que son impopularité était immense. Le malentendu qui séparait les Belges de leur souverain s'était creusé davantage après chaque année de règne. Léopold II, très personnel, très autoritaire et fort dédaigneux de l'opinion publique, n'avait cure de cet état d'esprit. Il n'y songeait qu'au moment précis où il était susceptible de déranger ses projets ou de froisser son amour-propre. Chacun des déplacements du roi en Belgique constituait pour lui une véritable corvée. Et comme il ressentait grandement à ces moments-là les effets de son impopularité, il employait pour remédier aux accueils trop froids un misérable expédient. Il se faisait accompagner de la princesse Clémentine, idole des Belges et estimée par l'ensemble de la nation. Les sympathies qui allaient à la jeune fille rejaillissaient sur le roi, et, pour ne point attrister la princesse, on acclamait son père. Léopold II utilisa souvent le nom de la princesse Clémentine pour servir ses projets personnels. Sa diplomatie familiale était faite de ces détours.

Les noces d'or du grand-duc de Baden-Baden réclamèrent bientôt le souverain à Carlsruhe. Je passe sur les épisodes pénibles de ce voyage.

Léopold II – par raison d'économie encore – avait formellement refusé de commander de nouveaux uniformes. Les siens, vieux et démodés, lui seyaient fort mal. Quand il endossa ses tenues d'officier allemand, ce fut un désastre, et toute mon ingéniosité fut impuissante à y remédier. Les uniformes étriqués, devenus trop étroits pour son corps alourdi, induisirent une sensation pénible qui toucha presque au ridicule. À côté des tenues somptueuses de l'empereur Guillaume et des autres princes allemands, le roi des Belges avait positivement l'air d'un parent pauvre ayant exhumé la redingote de ses noces pour une cérémonie de famille !

La presse mondiale relata alors l'incident, mais en l'atténuant, dans un souci de louable diplomatie.

Les mois passèrent, avec ces déplacements. Le 11 novembre 1906, le roi se retrouva à Bruxelles avec « sa toute belle », la baronne de Vaughan. Pour la fête patronale du souverain, les deux amoureux dînèrent ensemble au pavillon des Palmiers. Toutefois un certain nuage dut diviser ce soir-là la baronne et le roi. Le lendemain, en effet, et sans que rien ait pu me préparer à une semblable mission, mon maître me fit mander dans la salle Rubens.

— *Le petit, tu peux aller te promener toute la journée aujourd'hui. « Il » n'a plus besoin de tes services. Va voir ta bonne amie. Tu dois rencontrer de jolies filles dans Bruxelles...*

Je baissais les yeux hypocritement.

— *Tu devrais tâcher d'en trouver une pour « Lui » (textuel). Il voudrait avoir une belle noire (le roi disait toujours « une noire » pour parler d'une femme brune). Tu chercheras parmi la bourgeoisie et les gantières. Va au bal. Tu trouveras ce qu'il « Lui » faut.*

Immédiatement, mon maître me fit un tableau complet de la femme de ses rêves. J'épargne à mes lecteurs les détails fort crus dans lesquels se complut le souverain.

Qu'il me suffise de dire que le modèle de cet oiseau rare pouvait être relevé sur les toiles des maîtres flamands. La mission était difficile, mais je ne pouvais m'y soustraire. Je me mis en campagne.

Je ne connaissais pas Bruxelles. Je battis en vain le pavé. Chaque jour le roi m'interrogeait sur l'état de mes recherches. La solution négative l'énervait visiblement, et je constatai que mon étoile déclinait.

Un matin mon maître me dit :

— *Eh bien ! petit, tu n'as toujours rien trouvé pour « Lui » ?*

Je confessai que j'avais rencontré nombre de jolies personnes dans Bruxelles. Mais si beaucoup réunissaient quelques-uns des attraits réclamés, aucune ne les possédait tous. Le roi était vraiment trop difficile !

Léopold II sourit. Il me regarda fixement une minute, puis reprit :

— *Et les annonces, petit ? « Il » veut bien qu'on se serve des annonces.*

Et, s'asseyant à un guéridon, le souverain atteignit un bout de papier et griffonna de sa main le texte suivant qui pourra trouver place dans les archives de son règne :

« Vieux monsieur, très distingué, cherche à faire connaissance demoiselle de magasin ou ouvrière, 20 à 22 ans, très jolie, noire (sic), *forte et de bonne santé. »*

L'annonce parut le jour même, à la rubrique des mariages, dans *le Soir* de Bruxelles !

Le mardi suivant, je me trouvais à la tête de trente réponses !

Aucune de mes correspondantes n'avait coupé dans le pont du mariage, ce qui me facilitait les choses. Presque toutes, avec un cynisme admirable, laissaient clairement entendre qu'elles pressentaient de quoi il s'agissait. Elles allaient être bien surprises en apprenant que leur correspondant n'était autre que le roi des Belges.

Je communiquai immédiatement ces lettres à mon maître. « Il » les examina soigneusement. Et comme l'une des jeunes personnes se prétendait des qualités de mascotte, Léopold II, en riant, s'écria :

— *Une mascotte... Tu devrais la voir petit ! Elle doit être drôle, cette mascotte !*

Puis il m'ordonna, froidement, de recevoir moi-même chacune des trente correspondantes. Besogne fastidieuse, car nulle d'entre elles ne répondait au rêve du souverain. Et la mascotte elle-même était un avorton !

Il me fallut, penaud, et l'oreille basse, rendre compte au roi de ma mission négative. Quand il apprit que la vierge belge était elle-même fort maigre, et laide par surcroît, le bon monarque s'écria :

— *Petit, je l'aurais parié... Personne n'a voulu rendre à celle mascotte le service de la « démascotter » !*

Et il me tourna le dos!

Mon étoile, décidément, pâlissait. Je prévoyais à brève échéance la disgrâce. Je résolus de frapper un grand coup.

Un de mes amis connaissait une jolie demi-mondaine, ayant tout à fait le « type » désiré par le roi. Je fis venir la jeune personne et lui expliquai mon plan.

Je la présenterais au roi comme étant une gantière. Je lui donnai trois jours pour prendre les allures d'une ouvrière. Puis, lui ayant fait sévèrement la leçon sur la façon dont elle aurait à se comporter vis-à-vis du souverain, je l'amenai résolument à Laeken.

Nous avions élaboré avec mon maître tout un plan de comédie. Pour éviter – soi-disant – d'effaroucher la belle enfant, Léopold II m'avait commandé de lui dire que le roi cherchait de jeunes filles, au profil impeccable, pour servir de modèles à un sculpteur travaillant à des motifs d'architecture au palais!

Le 3 janvier, la gantière ingénue était reçue par mon maître au pavillon des Palmiers et à l'insu de la baronne de Vaughan. Le souverain prit la peine d'expliquer longuement lui-même au « modèle » les qualités physiques que l'on attendait d'elle. La conversation se prolongea de telle manière que je n'eus bientôt plus aucune inquiétude sur les résultats de ma supercherie !

Une heure après, Léopold revint, escortant la gantière, la mine satisfaite et le regard vainqueur. Il me fit, en passant, un petit signe amical, et qui en disait long sur sa reconnaissance.

Mais, hélas ! Les combinaisons les plus géniales ne sauraient être à l'abri des surprises du sort ! Un après-midi, à Ostende, le roi se trouva, sur le champ de courses, au pesage, face à face avec la naïve ouvrière du pavillon des Palmiers ! Froufroutante, empanachée, portant un chapeau de vingt-cinq louis et une robe de grand faiseur, la belle petite était complètement transformée. Le souverain s'enquit de son état civil et on lui donna le nom d'une demi-mondaine des plus connues de Bruxelles !

Mon maître, le soir, me raconta l'incident, sans insister. Mais pendant qu'il me fixait d'un œil soupçonneux je surpris clairement qu'il se faisait cette réflexion : qu'après tout, la ganterie, pouvait mener à tout – à condition d'en sortir.

CHAPITRE VII

Léopold II intime

Il s'est répandu dans le public de nombreuses légendes sur la vie intime du roi des Belges. La presse, le roman, la chronique scandaleuse parfois, ont contribué à entourer le souverain d'une auréole spéciale et lui ont fait une place à part dans la galerie des monarques. Les foules toujours avides d'informations inédites ont jugé Léopold à travers les récits imaginatifs des reporters. La vérité est beaucoup plus simple : elle reste toujours bonne à dire.

Léopold II fut un souverain de l'école de Louis-Philippe. Il avait l'âme d'un bourgeois économe et rangé. Et tous les détails de son existence étaient fixés selon une règle immuable...

Quand j'entrai au service du roi, mon maître résidait encore, de jour, au château de Laeken. Il habitait le pavillon des Palmiers où il usait d'un appartement richement, mais sobrement meublé. Son officier d'ordonnance – éloigné souvent pour des raisons qu'il est inutile d'expliquer plus longuement – logeait au château.

Tous les matins, à cinq heures et demie, le souverain s'éveillait. Jamais il ne s'attardait au lit. Hiver comme été, à six heures, il se remettait aux mains des domestiques chargés de le doucher.

Cette douche était fort primitive. Par mesure d'économie, Léopold II avait renoncé à faire monter l'eau jusqu'à ses appartements au moyen d'appareils hydrauliques. Il se mettait, nu, dans une vaste baignoire et on lui jetait sur les épaules quelques seaux d'eau froide, les uns à la suite des autres. Par la suite, cette aspersion brutale lui ayant paru trop douce encore, le souverain avait commandé une pompe à bras manœuvrée par deux hommes. Ce système resta en vigueur jusqu'à sa mort.

Convenablement essuyé, frotté et séché, le monarque passait ensuite à la séance de massage. Cette opération hygiénique lui plaisait particulièrement. Elle fut accomplie longtemps par le valet de chambre B..., qui ne voyagea plus, par la suite, avec le roi pour avoir déplu, comme je l'ai dit, à la *reine* Caroline.

L'après-midi et surtout l'été, le roi se faisait souvent masser une seconde fois. C'est ainsi que pendant un de ses voyages à Paris, et n'ayant pas auprès de lui son masseur habituel, il demanda à un jeune domestique allemand qui l'accompagnait de se livrer à cette opération. Le pauvre garçon, d'allure chétive et de petite taille, répondit avec terreur au souverain qu'il ignorait tout de l'art que l'on réclamait de lui. Léopold II, fort entêté et ne revenant jamais sur une chose dite, exigea pourtant que ce serviteur se mît à la besogne. L'Allemand, convaincu qu'en pareille matière la poigne était un gage de succès, se mit à frotter son maître avec une ardeur farouche. Au bout de trois minutes, la peau du roi des Belges n'avait rien à envier à la carapace du homard le mieux cuit. Haletant et ne pouvant plus enrayer la fougue du damné petit valet, le roi s'écria :

— *Pas si fort, pas si fort, vous allez « Lui » faire mal.*

Cette expérience dégoûta le souverain. Il ne se livra jamais plus, par la suite, à des mains profanes.

À sept heures du matin, convenablement massé et douché, le roi, en costume d'appartement, recevait son courrier et les journaux. Tous les jours, ceux-ci lui arrivaient de Bruxelles, apportés par un break spécial.

Assis dans un fauteuil, Léopold lisait toutes les lettres et répondait lui-même, n'ayant pas de secrétaire particulier.

À huit heures, le roi se livrait aux mains de son valet de chambre, qui l'habillait des pieds à la tête. Pendant ce temps, il parcourait les feuilles belges. Les seules admises à Laeken étaient *l'Étoile belge, le Soir, le Journal de Bruxelles, la Chronique, le Journal de Liège et le Précurseur d'Anvers.* Sa Majesté n'a jamais lu, en Belgique, un seul journal français.

J'ai dit que le roi s'en remettait totalement à son valet de chambre pour s'habiller. Cette opération intime n'était pas une sinécure.

Le souverain mettait une mauvaise volonté évidente, une hostilité voulue, à se prêter aux mouvements nécessaires. Il était comme un petit enfant, refusant d'étendre le bras, de se lever ou de s'asseoir. Quand on exigeait de lui un geste utile, il se mettait immédiatement en colère. J'ai remarqué que ce caprice procédait d'une volonté arrêtée.

En effet, mon maître, au cours de ses nombreux rendez-vous galants, fut souvent obligé de se vêtir hâtivement lui-même.

Dans ces moments-là, son habileté tenait du prodige, et il mettait à peine quelques minutes à s'habiller complètement.

Une légende a pris corps, qui représentait Léopold II sous les traits d'un souverain particulièrement élégant. L'affiche et la caricature l'ont crayonné, vêtu de l'impeccable redingote noire, coiffé du haut de forme à seize reflets et guêtre de chamois clair.

Édouard VII, qui connaissait les goûts simples de « son cousin », plaisanta souvent à propos de sa garde-robe civile. La vérité est que le roi des Belges resta toujours fort sommairement monté en costumes de ville. J'ai raconté l'impression fâcheuse que causèrent, à Carlsruhe, ses uniformes étriqués. Une manie avouée du souverain et bien connue de tous ceux qui vécurent dans son intimité consista à garder jalousement, toujours, ses vêtements démodés. Quand, par hasard, il se décidait à endosser un nouveau « complet », mon maître quittait toujours le costume ancien avec un regret marqué. Il ne manquait alors jamais de me dire :

— *« Il » a mis un nouveau veston et un nouveau pantalon. Il faudra mettre « le vieux » de côté, soigneusement. Il pourrait s'abîmer !*

Il y avait ainsi, à Laeken, des armoires pleines de vêtements usagés. Le roi n'abandonna jamais à ses serviteurs cette garde-robe réservée.

À Bruxelles et à Laeken, Léopold II portait invariablement la petite tenue de lieutenant général de l'armée belge. À Ostende, en Ardenne, en voyage, il adoptait le costume de ville ou de soirée, suivant les circonstances, mais n'endossait l'uniforme que dans les cérémonies protocolaires importantes.

À Laeken, la tenue du roi est restée légendaire parmi tout le personnel de service, et aussi, je crois, dans les milieux aristocratiques reçus dans l'intimité du souverain. Les plus anciens serviteurs de la Cour ne pouvaient se rappeler l'année exacte où le roi avait mis pour la première fois l'uniforme qu'il portait.

Cela se perdait dans la nuit des temps.

L'étoffe en était passée, usée jusqu'à la corde ; les galons étaient défraîchis, le pantalon marqué aux genoux... Pourtant, Léopold II y tenait beaucoup. Mais son attachement à cette antique tenue n'était rien à côté de sa fidélité à son képi, son bonnet, comme il aimait à l'appeler !

Ah ! Ce bonnet ! Il datait pour le moins d'un quart de siècle. Il était célèbre dans la famille du roi. Les galons en avaient été recousus, Dieu sait combien de fois, par « les filles de quartier ». La calotte graisseuse et le cuir intérieur, couverts d'un enduit peu ragoutant, n'avaient jamais été nettoyés. À l'office, on faisait des gorges chaudes du képi de Léopold, au moins aussi populaire que la casquette du père Bugeaud.

Pourtant, le roi ne plaisanta jamais sur le chapitre de « son bonnet ». Il lui portait cette vénération que peut avoir un général pour son shako de sous-lieutenant, un médecin arrivé pour son béret d'étudiant. Cette relique historique a gagné ses entrées au musée de la porte de Hal.

Prodigue pour la baronne de Vaughan, le souverain se montrait d'une grande avarice pour tout ce qui touchait aux questions d'habillement, qu'il s'agisse de lui ou de son personnel. Il avait deux paires de bottines, qui étaient bien souvent chez le cordonnier, car, dès qu'elles étaient abîmées, on les donnait à réparer. Léopold II, qui souffrait comme l'on sait d'une affection rhumatismale, avait vu enfler considérablement son talon gauche. Le pied était devenu fort sensible, et le souverain ne pouvait plus supporter que des bottines légères, en chevreau et à lacets. Ces bottines, parce qu'elles devaient laisser les orteils libres, étaient de dimensions extraordinaires. Elles remplacèrent peu à peu les bottes abandonnées.

Le roi ne portait jamais de gants. Je ne lui en ai jamais vu mettre. Dans les cérémonies protocolaires, en Belgique et à l'étranger, il ne dérogea point à cette habitude. Personne ne peut se flatter de n'avoir jamais vu le roi des Belges autrement que les mains nues.

Son linge habituel était très riche, mais il n'en achetait pas souvent. Craignant la dépense et perpétuellement soucieux d'économie, il renouvelait rarement le contenu de ses armoires. Pour ne point fâcher le souverain, le baron Goffinet, intendant de la liste civile, usait même d'un amusant subterfuge. Il commandait le linge de corps du souverain en cachette et passait la dépense sous une autre dénomination. Ainsi, le roi put croire que les tisserands belges confectionnaient pour lui des chemises éternelles!

Les jours de mauvais temps, mon maître passait sur son uniforme un imperméable caoutchouté noir qui était tellement vieux et usé qu'il en était devenu vert. Je ne lui en ai jamais connu qu'un! Le baron Snoy, admirateur servile de son roi, ayant reçu un jour une demande d'un chauffeur d'automobile qui réclamait un ulster neuf en remplacement du sien, complètement défraîchi, lui répondit froidement que le souverain se contentait d'un vêtement de pluie encore beaucoup plus usagé. Le chauffeur comprit et se tut.

Léopold II avait adopté la forme de chapeau communément appelée «Cronstadt». Pour certaines occasions, il réservait le haut de forme. L'été, il n'usait que du panama. Il en possédait un, auquel il avait donné une allure particulière et qui faisait l'admiration des étrangers en déplacement à Nice. Pour sa fête, la baronne de Vaughan lui offrit un second Panama, de paille très fine et de grand prix. Le roi, fidèle à ses vieilles affaires, ne voulut jamais le porter.

Du reste, toute son existence intime était faite de ces manies. Il n'aimait pas, par exemple, voir brosser ses vêtements. Il prétendait avec colère que cela *« les raclait »*. Nous étions forcés d'entretenir presque en cachette sa garde-robe personnelle. Le souverain s'imaginait facilement que l'on fouillait ses vêtements. Avant de changer de costume, il retirait soigneusement tout ce qui se trouvait dans ses poches et rangeait le tout dans son secrétaire. Vers la fin de sa vie, il était persuadé que son entourage l'espionnait, et il en était arrivé à voir des mouchards partout. La baronne de Vaughan l'entretenait soigneusement dans cet état d'esprit.

Après l'expédition du courrier, la toilette terminée, Léopold II déjeunait.

Ce premier déjeuner était fort léger: une simple tasse de thé accompagnée de toasts grillés. Jamais je n'ai vu le souverain prendre de café.

Cette modeste collation absorbée, mon maître faisait mander son officier d'ordonnance. Appuyé à son bras, il accomplissait alors une promenade hygiénique dans les allées du parc de Laeken – qui est une merveille. Parfois, il poussait jusqu'à la route de Meysse où il rendait, d'un geste distant, les coups de chapeau saluant son passage.

À midi, Léopold II rentrait au château. Il s'occupait alors des affaires courantes et on ne devait le déranger sous aucun prétexte.

À une heure, il se mettait à table et déjeunait, seul en général.

J'ai dit que le roi était gourmand. Ses cuisiniers, triés sur le volet, concoctaient pour lui des recettes précieuses. En voyage, dès que le souverain goûtait à un plat flattant son palais, il en faisait inscrire immédiatement la préparation. L'hôtel Bristol lui a fourni, ainsi, beaucoup de ses menus.

Habituellement, mon maître déjeunait de quatre œufs à la coque, accompagnés d'une assiette de consommé très fort. Les œufs grand-duc ou les œufs Colbert étaient au nombre de ses mets favoris. Il affectionnait également le filet de bœuf ou la noix de veau garnie, les légumes de saison, la viande froide à la gelée, les compotes de fruits et, principalement, les pruneaux. Son pâtissier-chef lui préparait, chaque jour, un nombre respectable de brioches dorées.

Le roi était ennemi de la sieste. Quand il n'accordait pas d'audience particulière, il reprenait aussitôt après le déjeuner sa promenade qui durait jusqu'à cinq heures du soir. Le roi des Belges était un infatigable marcheur.

À six heures et demie, le souverain se remettait à table.

Les invitations fort recherchées par la Cour étaient strictement réservées à quelques bons courtisans et à des favoris éprouvés. Le dîner se prolongeait toujours jusqu'à huit heures et demie.

Le menu se composait, habituellement, d'un potage, d'un soufflé de volaille ou de bouchées de volaille, ou encore de gibier ; d'un plat de bœuf, de veau ou de poulet sauté parmentier, bordelaise, etc., de légumes. Léopold II était particulièrement friand d'asperges. Pendant la saison, il en mangeait facilement, à lui seul, deux bottes entières.

Ces asperges étaient cultivées pour lui dans les potagers de Laeken et de Tervueren, d'où elles arrivaient le matin même.

Au dîner figurait encore un rôti de gibier (perdreau, grouse, chevreuil, bécasse) et de nombreux desserts composé essentiellement de petits gâteaux et de sucreries dont le roi était friand.

Léopold II fut mauvais buveur. À cet égard, il ne se permettait que rarement des extras en dehors des repas. À table, il mélangeait de l'eau minérale en grande quantité à son vin. Ses marques préférées étaient les sources de Vittel, Evian, Vichy et Saint-Galmier. Quant aux crus, seul le bordeaux Château-Margaux était reçu à Laeken. Une bouteille de ce vin durait exactement trois jours, et, après chaque repas, mon maître voulait la voir enfermer dans une petite armoire placée près de la fenêtre de la salle à manger.

Dans la vie courante – et en dehors des grandes occasions où porter un toast était de rigueur –, le souverain belge ne buvait jamais de champagne.

Grand fumeur aux débuts de son règne, Léopold II dut renoncer à l'usage du tabac, sur ordre de ses médecins particuliers. Atteint d'un mal de gorge chronique, la fumée excitait fâcheusement les granulations de son larynx. Il avait abandonné, dans les derniers temps, et totalement, la cigarette et le cigare. Il lui avait fallu pour obtenir ce résultat une forte dose de volonté.

Le roi mangeait très lentement. Il aimait à faire, entre chaque service, une longue pause. Il s'interrompait fréquemment pour lire les journaux du soir, belges et anglais : principalement *Indépendance* et le *Times.* Les organes de Paris n'avaient pas leurs entrées à Laeken, sauf, toutefois, sous forme de coupures. Les articles pouvant intéresser Léopold II, ou son gouvernement, lui étaient adressés, encadré de bleu par le secrétariat de sa maison. Le souverain fut toujours fort sensible aux choses de la presse. Il ressentait violemment louanges ou attaques, et, dédaigneux jusqu'à l'extrême de l'opinion publique, il s'inquiétait grandement du jugement de ceux qui la créent. C'est là une des contradictions de cet extraordinaire caractère!

Au cours du second repas, le souverain se faisait soumettre le menu du déjeuner ou du dîner du jour suivant. Je lui présentais alors le projet élaboré par son chef de bouche. C'était un moment pénible. Le roi, fort difficile, je le répète, trouvait tout mauvais et critiquait sans cesse. Je l'ai vu se mettre dans des colères folles pour un œuf trop cuit ou un filet de bœuf nerveux. De plus, mon maître était continuellement hanté par le spectre de la dépense. Un jour que je lui présentais le menu sur lequel figurait un canard au porto, le monarque s'écria:

— *Tout cela, c'est de la cochonnerie, ils boivent le porto et n'en mettent pas dans le plat* (sic).

On se doute que, dans ces conditions, il était loin d'être facile de contenter le roi.

Les œufs, tous du jour, et qui venaient en droite ligne de la ferme du Stuyvenberg, ne lui semblaient jamais assez frais. Il ordonna plus de vingt fois à son officier de bouche de changer de boucher. Finalement, il prit le parti de faire venir de Paris – par l'intermédiaire de la compagnie des voitures-lits qui voulut bien nous prêter son aimable concours – toute la viande destinée à la table du roi. Mon maître parut satisfait de cette innovation. Du reste, en règle générale, il trouvait mauvais tout ce qui provenait de la Belgique. Il est un fait notoire qu'il ne séjournait dans son royaume qu'à de rares intervalles, le moins possible et toujours contre son gré. Dès qu'il se trouvait à Laeken, son humeur changeait immédiatement et il exprimait, à tout propos, un mécontentement systématique. Sa mauvaise humeur retombait de suite sur ses gens. Il se montrait avec son personnel d'une grossièreté incroyable. Nous eûmes tous à souffrir de ses violentes colères.

Du reste, non content de reprocher à ses cuisiniers les plats manqués, le roi se faisait un malin plaisir à leur exprimer d'avance des critiques injustes. Je l'ai souvent vu arpenter le salon moderne, avant le déjeuner, en prononçant à demi-voix les plus sombres pronostics sur son prochain repas :

« Il » est sûr que le poulet sentira le fumier (c'était son expression favorite) ! *« Il » sait d'avance que le filet de bœuf sera nerveux ! « Il » ne mangera pas de bécasse aujourd'hui, car elle sera faisandée !*

Les choses de la cuisine tenaient dans la vie du souverain une place à part, et il les mit toujours au premier rang de ses préoccupations. La baronne de Vaughan, qui connaissait son faible, joua merveilleusement de cette corde. Tous les cuisiniers étaient appelés à faire un essai chez le roi avant d'être engagés par la baronne. Chaque fois que, dans une maison particulière, en voyage, ou à l'étranger, le souverain appréciait particulièrement une recette, dès le lendemain, celle-ci était entre les mains du chef de bouche.

Enfin, le roi craignait la maladie. Il avait une terreur folle des épidémies et faisait soigneusement entretenir les chambres de son personnel. Il exigeait que tous ses domestiques fussent en bonne santé. Son cabinet de toilette tenait bien plus de la pharmacie que de la salle de bains. Un régiment de fioles y était rangé en prévision d'une alerte possible. Un jour que l'architecte du roi, M. G..., était venu voir mon maître, il confia à celui-ci dans la conversation que sa fillette se trouvait atteinte de la scarlatine. Léopold II, immédiatement, congédia l'architecte, et fit soigneusement désinfecter les pièces où ce dernier s'était tenu. Pendant plusieurs jours, il vécut ainsi, dans la crainte de la contagion.

À neuf heures, chaque soir, le roi quittait la table. Une voiture l'attendait devant la porte du palais. Le souverain y montait mystérieusement, toujours seul. Le cocher, homme sûr, dévoué et discret ne voulut jamais dire où il conduisait son maître. À ce sujet, le personnel de service n'eut pendant longtemps que des doutes fort vagues et ce n'est qu'au cours des dernières années que les soupçons se précisèrent.

Les intimes du souverain eux-mêmes évitèrent toujours de faire allusion, devant lui, à ces sorties nocturnes.

Nous apprendrons que Léopold II se rendait ainsi chaque soir chez sa favorite, la baronne de Vaughan, qui habitait à environ quinze cents mètres du château de Laeken, la villa truquée et merveilleuse connue dans le public sous le nom de « villa Van der Borght » !

CHAPITRE VIII

La villa Van der Borght

La villa Van der Borght aura fait couler beaucoup d'encre. Elle est aujourd'hui patrimoine historique au même titre que le Parc-aux-Cerfs ou les Petits Cabinets de Versailles. La presse belge a toujours cherché à percer le mystère de ces murs derrière lesquels il se passait clairement quelque chose. Ainsi, un député socialiste, en pleine Chambre des représentants, a fait à l'égard de cet asile discret une allusion trop claire. La villa Van der Borght a résisté à toutes les curiosités et à toutes les attaques. Mme de Pompadour avait le château de Crécy; la baronne de Vaughan eut la villa Van der Borght.

J'ai dit que, chaque soir, le roi se faisait conduire au Stuyvenberg. Le Stuyvenberg est une modeste ferme attenante à une vaste propriété, qui avait appartenu autrefois à la baronne Meyer, maîtresse en titre du premier roi des Belges. Ce domaine inhabité est du reste parfaitement inhabitable. Tous les meubles garnissant les pièces avaient été transportés à Balincourt, dès que Léopold II eut offert à sa favorite cette résidence princière. Les bâtiments du Stuyvenberg, à l'époque où je pris mon service, servaient de lingerie. Seules quelques femmes de chambre y avaient accès.

La ferme est située en face de l'avenue du Heysel. Elle étend ses clôtures depuis l'église du Heysel, jusqu'au carrefour du Gros Tilleul. La distance qui sépare cette habitation du château de Laeken est d'un bon kilomètre et demi.

Les communs de la ferme avaient été d'abord affectés au logement des gendarmes de service. Plus tard, par un brusque caprice du roi, les gendarmes furent déplacés et les chauffeurs de ses automobiles y furent cantonnés. En fin de compte – et pour une raison sur laquelle je ne crois pas devoir insister –, les mécaniciens reçurent leur congé. Les locaux, transformés et luxueusement aménagés, connurent d'importantes améliorations. Quand tout fut prêt, on donna les clefs à « Monseigneur Martin », concierge du palais et homme de confiance de la baronne de Vaughan. Il s'installa dans ses appartements avec une bruyante importance.

Le château de l'ancienne favorite, Mme Meyer, aujourd'hui décédée, la ferme du Stuyvenberg, le parc de la propriété, sont cachés à tous les yeux indiscrets par des massifs touffus, des sapinières profondes, et des bois de hêtres. De l'autre côté de la route du Heysel, dans un fouillis de branches, de feuilles et de rameaux, se distinguent avec peine les toits compliqués de la villa Van der Borght. C'est dans cette villa mystérieuse et inapprochable que la baronne de Vaughan recevait son royal amoureux.

Mais, pour passer du Stuyvenberg, de la propriété Meyer, à la villa Van der Borght, il était absolument nécessaire de franchir la route du Heysel séparant les deux domaines. Léopold II – ingénieux – avait fait jeter sur ce chemin un pont qui reliait clandestinement le temple des amours de son prédécesseur au Trianon de « sa toute belle ».

Quittant vers sept heures, en voiture, le château de Laeken, le roi laissait son équipage à l'entrée de la ferme du Stuyvenberg.

Le roi s'engageait alors dans un chemin spécial, coupant au plus court, et qui, le soir, était éclairé par de simples poteaux munis de lanternes. Cette allée aboutissait au pont de la route du Heysel. J'ai oublié de dire que ce pont était coupé en son milieu, par une porte massive dont le souverain gardait toujours la clef. Il ouvrait lui-même cette porte, et il se trouvait immédiatement dans le jardin de la villa.

Les plantations de la propriété Meyer et les massifs de la propriété Vaughan avaient été l'objet des soins éclairés d'un jardinier habile. Celui-ci s'était arrangé pour que le chemin suivi par le roi restât caché à tous les regards et de quelque côté que l'on se trouve. Les perspectives, barrées par des rideaux d'arbres, empêchaient toute indiscrétion. De la route du Heysel, il était impossible de distinguer ce qui se passait à la ferme du Stuyvenberg. Et certains journalistes trop curieux, ayant franchi, un jour, la clôture de la propriété Meyer, en furent eux-mêmes pour leurs frais.

Avant de quitter sa voiture à la grille de la ferme, le monarque indiquait au cocher l'heure à laquelle il lui faudrait revenir le prendre. Léopold II avait la manie de l'exactitude. Et même vis-à-vis de ses plus modestes serviteurs, il mettait une coquetterie toute spéciale à n'être jamais en retard. Nous allons voir, du reste, que plus d'une fois le malheureux souverain dut faire à pied – et seul – les quinze cents mètres le séparant de Laeken.

Le règne de Léopold II est plein de légendes merveilleuses. Le roi des Belges, par le sans-gêne qu'il affectait vis-à-vis même de la Cour, par l'indépendance de sa vie privée, par sa carrière amoureuse dont les épisodes défrayèrent très vite la chronique scandaleuse, sentit perpétuellement peser sur lui la curiosité des foules. Et dans ce roman d'aventures que fut le règne du souverain, la baronne de Vaughan – entre beaucoup d'autres légendes – eut, elle aussi, sa légende à elle.

La presse qui a été fouiller dans la vie de cette femme, scrutant son passé, interviewant ses proches, a fourni, sur ses origines et sa famille les informations les plus fausses. C'est ainsi qu'à l'heure actuelle, les journaux – après avoir fait de son père un concierge, puis un graveur, puis un ingénieur – ne sont pas encore complètement d'accord. Ils ne se sont entendus que pour entourer la belle favorite d'une auréole, que certaines révélations tardives ne sont pas arrivées à ternir. On l'a représentée comme le modèle de toutes les fidélités, de tous les dévouements, de toutes les abnégations. La Vérité, habillée dans les salles de rédaction, commence à rejeter ses draperies d'emprunt.

Je dois – dans ces mémoires – laisser totalement de côté tout ce qui fut publié précédemment sur la baronne de Vaughan. Je l'ai approchée, je l'ai servie, je la connais : elle dément tous les tableaux qu'on a esquissés d'elle.

Le défaut dominant de la baronne était l'orgueil.

Elle était orgueilleuse, farouchement, et à la manière des parvenus… la pire. Ambitieuse, intrigante, extraordinairement intelligente, et férue de sa situation nouvelle, elle avait vite compris que toute la façade de sa position privilégiée devait reposer sur les apparences d'une inattaquable respectabilité. Cette respectabilité, elle y tenait plus qu'à sa fortune, plus qu'à ses apanages, plus qu'à son titre même. Non seulement, elle joua toujours à son royal amant la comédie de la fidélité – ce qui était de bonne politique —, mais elle s'attacha également – ce qui peut paraître excessif – à cacher à la nation belge, à la presse, à la foule, ses relations avec le roi.

Il était de notoriété publique qu'elle était sa maîtresse ; mais elle s'arrangea toujours pour que cette rumeur ne fût corroborée par aucun fait précis.

Jamais le roi ne vint à l'improviste chez la baronne. Son amie ne l'aurait pas souffert. Chaque soir, ils reprenaient rendez-vous pour le lendemain, et très souvent, Mme de Vaughan, sous prétexte de fatigue, de migraines, ou d'indisposition, écourtait les visites.

La vérité est que Léopold II aimait sa maîtresse d'un de ces amours séniles exaspérées qui ne raisonnent plus. D'un tempérament demeuré, extrêmement vert malgré l'âge, il la trompait copieusement. Ses coups de canifs dans le contrat – comme dans tant de ménages réguliers – ne prêtaient pas à conséquence. Il prenait, avec ses compagnes de rencontre ou d'occasion, un plaisir physique qui ne touchait pas le cerveau de cet imaginatif.

En réalité il ne se plaisait qu'auprès de la baronne de Vaughan. Il ne désirait qu'elle, et l'on peut écrire sans crainte d'erreur, qu'elle fut la seule femme qu'il ait réellement aimée ! Ceci est si vrai que, parmi toutes les jeunes filles de passage qui défilèrent à Laeken, à Bruxelles, à Nice, parmi toutes les maîtresses d'un jour, dont beaucoup furent plus jeunes, plus jolies, plus gracieuses que Mme de Vaughan, aucune ne retint le roi. Son caprice s'était fixé et embourgeoisé. Volage à l'habitude, il s'était attaché corps et cœur à celle qui avait eu la grande habileté de lui accorder, en lui donnant deux enfants, les joies rares de la paternité.

Et pourtant, si au début de leur liaison la baronne de Vaughan dut être pour le souverain une amie tendre et attentionnée, Dieu sait que dans les dernières années de leurs amours elle ne lui ménageait plus ni les rebuffades ni les scènes pénibles. J'ai dit plus haut qu'elle fixait elle-même à mon maître l'heure des rendez-vous et qu'elle n'hésitait pas à écourter ses visites sur une saute d'humeur. Il arriva bien souvent que Léopold II, comptant demeurer plusieurs heures chez la baronne et ayant renvoyé sa voiture, reçût d'elle un accueil très froid. Ces deux amoureux se disputaient constamment et la garde qui veille aux palais des rois, ne les défendit point des querelles de ménage. Léopold, alors, sans mot dire, acceptait l'orage, et battait en retraite. Nous le vîmes ainsi revenir maintes fois, à pied, à Laeken, au retour de ces mystérieuses visites. J'ai remarqué que le lendemain de ces tristes équipées, mon maître se montrait, généralement, fort sombre.

Le roi rentrait toujours coucher au château. Jamais il n'a passé une nuit entière à la villa Van der Borght. Son désir, sur ce point, avait été souvent exprimé, et il aurait beaucoup aimé ne pas rejoindre son lit solitaire de Laeken. Mais la baronne qui tenait, comme je l'ai dit plus haut, à sauver les apparences vis-à-vis de son personnel, se refusa toujours à satisfaire ce caprice.

Du reste, Léopold II ne se rendait pas seulement le soir à la villa Vaughan. Il n'était point rare de le voir le matin ou l'après-midi, et au moment de sa promenade, prendre à pied le chemin de la route de Meysse. Il s'arrêtait alors devant une poterne ouvrant dans le mur de la propriété, et, là, après avoir jeté de droite à gauche des regards soupçonneux, il pénétrait dans le jardin par le parc dit « Parc Forestier ». L'hiver, et quand la neige rendait impraticable l'allée du Stuyvenberg, ou que le froid était trop vif pour permettre une marche nocturne, le souverain se faisait amener en automobile jusqu'à cette même petite porte de la route de Meysse. Son chauffeur de confiance le conduisait discrètement. Enfin, et désireux de tromper les curiosités importunes, il prenait soin de varier souvent son itinéraire. Il n'était pas rare de voir son auto s'arrêter place du Heysel, non loin de la rue Médori, où se trouvait une autre entrée de la villa Van der Borght. Cythère eut moins de havres...

Le personnel de service de la villa Vaughan, qui assistait aux réceptions panachées de la baronne, s'était donné le mot pour traduire sans danger les indiscrétions rapportées par la femme de chambre. À l'office, quand le roi quittait sa favorite, on se confiait à l'oreille qu'il prenait *le pont des amours ou le pont des soupirs.* Langage diplomatique et qui exprimait – en clair – que Léopold II, roi des Belges, souverain du Congo, avait reçu un accueil très tendre ou s'était courbé devant un de ces orages violents par lesquels sa toute gracieuse favorite exprimait les inégalités d'humeur de son caractère emporté.

Le roi avait donc, à Laeken, le pavillon des Palmiers et la tour japonaise, où il donnait asile à ses amours de passage. Il avait, dans le voisinage du palais, la villa Van der Borght, qui abritait sa favorite en titre. Il avait enfin – comme un simple particulier, un fils de famille ou un bon fêtard – sa garçonnière en ville.

Cette garçonnière, qui resta fort longtemps ignorée et fut toujours inconnue de la presse, était située juste au-dessus des écuries de la place du Trône. L'entrée donnait sur la rue Ducale. La porte, d'apparence modeste, ouvrait sur le jardin devant le Palais des Académies. Léopold II y reçut pendant plusieurs années des amoureuses de passage, et entre autres, une jeune femme qui signait ses messages: «Le Jardinier Louis» (?). Cette personne, mariée très honorablement depuis, eut une carrière amoureuse particulièrement brillante. Douée d'un tempérament extraordinaire et d'une sensibilité qui lui interdisait de refuser quoi que ce soit à quiconque, elle fut successivement l'amie de plusieurs domestiques de l'entourage du roi. Le souverain la fit venir à la Côte d'Azur et la reçut à Passable pendant l'accouchement de la baronne de Vaughan. Ceci ne l'empêchait pas d'écrire régulièrement à sa favorite les lettres les plus tendres. Son caractère était fait de toutes ces contradictions. Et il passait dans la vie comme un grand seigneur, très dilettante, cueillant toutes les fleurs du jardin, grappillant souvent dans celui du voisin, mais gardant pour sa boutonnière propre l'orchidée très rare et très choyée qu'était à ses yeux la douce Caroline Lacroix, baronne de Vaughan !

La villa Van der Borght avait été achetée par Léopold II au début de sa liaison avec Mme de Vaughan. Elle fut restaurée, sur son ordre, par son architecte particulier et sur les plans d'une autre maison dont il avait fait prendre le modèle. Elle servit tout d'abord d'habitation à la jolie baronne et à son frère qui, à cette époque, ne la quittait pas plus que son ombre. Ce prétendu frère n'était autre que Jules D..., « l'ami » de la favorite, connu, dans l'intimité, sous le nom de « Manuel ». Celui-ci, surnommé à Bruxelles « le capitaine Fracasse », se rendit célèbre par ses incartades et ses excentricités. Il devait du reste les payer d'un arrêté d'expulsion. Mais, au moment où fut acquise la villa Van der Borght, D... avait toutes les faveurs du souverain. Il fit avec lui plusieurs voyages au bord de la mer et le monarque ne dédaigna pas de l'admettre, en sa compagnie, à bord de *L'Alberta*. Ces déplacements furent la cause de plusieurs scènes pénibles qui laissèrent au personnel de bord un souvenir fort désagréable. « Manuel » s'y connaissait du reste extrêmement bien en opérations profitables et joignait l'utile à l'agréable. « Beau-frère du roi », il était aussi son fournisseur et achetait pour lui les chevaux de luxe que Léopold II offrait ensuite à sa favorite. D... ne se refusait pas, quelques jours plus tard, à conduire lui-même les bêtes ainsi vendues. On le rencontrait souvent, en compagnie de « sa sœur », dans le Bois de la Cambre, menant à belle allure le tonneau de la maîtresse royale. Champion de toutes les causes, il n'hésita pas, un matin, à s'interposer violemment entre Mme de Vaughan et une ancienne amie du monarque, dont la rancune se traduisait par des arguments frappants. Le duel avait lieu à l'endroit dit « La Laiterie » et, à ce moment, de nombreux promeneurs eurent la bonne fortune d'assister aux exploits de Manuel, défenseur farouche de sa sœur outragée... D... était, de plus, un habitué du Café des Boulevards où toute la société cosmopolite de Bruxelles se rencontrait. Après avoir bu, il était de caractère violent et vouait une animosité particulière aux agents de police, avec lesquels il se colletait volontiers. Ces bagarres, funestes à son prestige, jouèrent grandement en faveur de l'arrêté d'expulsion pris contre lui par la suite.

À la villa Van der Borght, « Manuel » n'était pas plus sage et cherchait volontiers querelle à la domesticité de la baronne. Il est juste de reconnaître qu'après la bataille, il se montrait fort généreux envers l'adversaire et payait royalement les coups de poing qu'il avait donnés. Mme de Vaughan eut toujours le porte-monnaie moins ouvert et la largesse plus difficile.

CHAPITRE IX

La Cour des Miracles

J'ai dit précédemment que, sur la fin de son règne, Léopold II était devenu extrêmement soupçonneux. Il voyait des espions partout et se trouvait entretenu dans cet état d'esprit par la baronne de Vaughan.

Tant que le souverain ne fut pas complètement sous la dépendance de sa favorite, la vie du bas personnel au château de Laeken resta supportable. Mais, bientôt, cette dépendance devint totale et définitive. Au cours des trois dernières années, le roi des Belges n'était plus qu'un jouet aux mains de sa maîtresse.

L'Histoire se répète. Se souvenant sans doute que Mme de Pompadour – dont elle eut l'intelligence et l'ambition – n'était parvenue à approcher Louis XV que grâce aux bons offices du valet de chambre Binet, Caroline Lacroix s'appliqua à entourer son amant de toutes ses créatures. Au fur et à mesure que son emprise sur le roi allait grandissant, son autorité croissait sur le personnel de Laeken. Le baron Snoy, toujours habile à prendre le bon vent, s'était immédiatement jeté dans le sillage de la baronne. Il appuyait secrètement sa politique et tout domestique jugé douteux par la favorite était immédiatement marqué d'une croix noire par le commandant du palais.

La situation du personnel de Laeken n'était pourtant point brillante. J'ai dit que l'avarice du roi se manifestait de toutes les manières. Non seulement il se montrait regardant sur les gages, mais il n'admettait pas les dépenses relatives aux tenues de ses domestiques. Il ne pouvait être question de demander des augmentations. Des hommes entrés aux appointements de 125 francs par mois quittèrent le palais, après quarante ans de services ininterrompus, sans avoir touché un centime de plus. Sur bien des points, cette Cour royale restait dans ses dessous une véritable Cour des Miracles.

Le baron Snoy a fait une fortune au palais de Laeken. La chose est de notoriété publique. Le manuel du bon courtisan a depuis longtemps donné le moyen d'y parvenir rapidement, par des procédés immuables.

Les deux employés supérieurs, le fourrier et le contrôleur, touchaient chacun sept mille francs par an.

Le concierge avait deux mille sept cent cinquante francs ; logement, blanchissage, feu et lumière en surcroît. La baronne de Vaughan, sur sa cassette personnelle, arrondissait la somme.

Le valet de chambre d'appartement touchait deux mille sept cent cinquante francs et, en service, la nourriture. Les valets de pied recevaient entre mille huit cents francs et deux mille cent francs. Ils n'étaient pas nourris.

Lorsqu'ils étaient de service, on leur accordait généreusement pour leurs repas cinquante centimes par jour.

Les huissiers avaient deux mille cinq cents francs. Les portiers mille cinq cents francs. Les hommes de peine et les femmes de chambre (filles de quartier) devaient se contenter de quatre-vingt-dix francs par mois.

Les chauffeurs et les mécaniciens d'automobiles gagnaient de deux cents à cinq cents francs par mois. Au moment où l'influence de la baronne de Vaughan s'affirma sans réserve, tous ces gages subirent des diminutions importantes. Sur la fin du règne, un chauffeur ne touchait plus que cent cinquante francs par mois.

Les cuisiniers étaient payés au forfait, c'est-à-dire que le chef de bouche recevait une indemnité fixe par couvert.

Mme la baronne de Vaughan ne tarda pas, du reste, à régenter brutalement tout le personnel de Laeken. Elle se fit remettre la liste des gages des serviteurs du palais. Et, dans cette liste, elle tailla et rogna sans mesure.

À titre documentaire, je puis fournir quelques exemples des économies réalisées par elle ou à son instigation. Les ouvriers payés soixante-quinze francs par mois furent réduits à un Franc cinquante par jour. Le service médical et pharmaceutique vit son budget considérablement diminué. Les mécaniciens et chauffeurs avaient droit à deux paires de souliers par an : on leur en supprima une. On leur fournissait deux complets : ils n'en reçurent plus qu'un. On leur remettait auparavant un gros paquet d'allumettes par semaine, ce paquet ne fut plus touché par eux qu'une fois par mois. Le cirage et le savon furent supprimés ; il était devenu, dans les derniers temps, presque impossible d'obtenir du charbon pour le chauffage.

Toutes ces mesures mesquines étaient prises à l'instigation de la baronne de Vaughan. Elle avait persuadé le roi que ses domestiques le volaient. Le baron Snoy abonda toujours dans ce sens. Léopold II, qui avait versé, à la fin de sa vie, dans l'avarice la plus sordide, mettait sa note dans ce concert.

On avait coutume, chaque fois que le souverain recevait à sa table son officier d'ordonnance, de placer devant les deux convives deux menus. Un jour, le roi se fâcha tout rouge en constatant un tel gaspillage. Et il exigea qu'un seul bristol fût employé à l'avenir « car le papier coûte cher ! »

Les exemples typiques abondent dans cet ordre d'idées.

Lors d'un de ses déplacements à Nice, Léopold II fit venir avec lui un de ses valets de pied. Le baron Snoy voulut supprimer l'indemnité de séjour ou de déplacement. Le pauvre garçon, qui était marié, fit respectueusement observer qu'il ne demandait nullement à aller à la Côte d'Azur et que puisqu'on l'y envoyait il avait droit à une indemnité. Sa réflexion, rapportée par hasard au roi, mit celui-ci dans une grande colère. Il fit appeler le rebelle et crûment lui dit :

— *Les femmes ne coûtent pas cher à Nice ! Vous n'avez pas besoin d'emmener la vôtre* (textuel) !

Deux chauffeurs, commandés de grand matin, durent conduire deux automobiles au château en Ardenne et il leur fut ordonné d'être de retour le soir même à Laeken. C'était un voyage exténuant et très dur l'hiver. Le baron Snoy, ayant mandé les mécaniciens, leur recommanda gravement *d'emporter des tartines,* car, rentrant le même jour au palais, aucune indemnité de déplacement ne leur serait accordée. Et cette indemnité tant chicanée était de quatre francs par jour !

Deux filles de cuisine, âgées et malades, ayant quarante ans de services au palais, demandèrent à être pensionnées. Le baron Snoy leur assura qu'il présenterait lui-même leur requête au roi. Les deux braves femmes attendirent avec anxiété la réponse. Elle arriva : le souverain accordait une pension de quarante francs par mois.

Tout ceci n'est point racontars de domestiques mécontents. Ce ne sont pas davantage récriminations importunes. Je n'ai pas eu personnellement à me plaindre du roi des Belges. Il était fort généreux pour tous ceux qui, approchant sa vie intime, connaissaient ses secrets ou ses vices. Je lui ai rendu des services de nature exceptionnelle et sur lesquels je n'ai plus besoin d'insister. Il m'honora de missions de confiance ; elles furent d'un caractère tel qu'il lui était difficile de les oublier. Mais ceci ne m'empêcha pas de constater les injustices prodiguées autour de moi à une foule de braves gens qui n'osèrent jamais se plaindre. Au palais de Laeken, on fut particulièrement dur envers les petits et indulgent envers les grands. Je laisse aux historiens le soin de tirer la moralité de ce chapitre qui n'est point fait pour mettre en relief, aux yeux du peuple, les avantages des régimes d'autocratie. La monarchie n'apparaît jamais si belle que quand on est en république.

CHAPITRE X

À Lormoy

D'août 1907 à février 1908, le roi fut à Lormoy.

C'est ici que se place un point essentiel de l'histoire des dernières années du règne de Léopold II, puisqu'à Lormoy devait naître le second enfant, présumé issu de sa liaison avec Caroline Lacroix, baronne de Vaughan.

Si humble que je sois, et fort peu initié aux choses de la politique, j'ai eu dès cette époque, pourtant, la sensation très nette que cet événement allait avoir, sur les destinées de Léopold II, une influence énorme. Le souverain attendait cet enfant avec une impatience extrême. Toutes les dernières semaines qui précédèrent l'accouchement, le roi ne fut plus lui-même. Il est certain, il est indubitable que, si le roi n'avait pas vu naître ce second fils qu'il se flattait de pouvoir considérer comme sien, bien des choses ne seraient pas arrivées qui ont défrayé la presse et la chronique scandaleuse. Il n'aurait jamais été question de la fondation de Cobourg, et tous les bijoux remis à la baronne de la main à la main, les objets d'inestimable valeur devenus sa propriété auraient reçu une tout autre affectation.

Les illusions paternelles du roi des Belges idéalisèrent son affection pour Mme de Vaughan, et c'est depuis Lormoy que celle-ci devint, dans toute la force du terme, plus que reine !

Lormoy est une vaste propriété située en partie sur les communes de Longpont, de Saint-Michel-sur-Orge et de Montlhéry.

Le domaine est traversé par l'Orge, rivière exceptionnellement poissonneuse et où j'ai pris moi-même des pièces magnifiques.

Quand vint la date de l'accouchement de « sa toute belle », Léopold II loua meublé le château de Lormoy qui appartenait à la famille Say. Celle-ci s'était montrée particulièrement heureuse d'une aubaine arrivant à point pour atténuer les effets désastreux du krach financier d'alors et dont aucun boursier n'a perdu le souvenir.

La baronne, de plus en plus maîtresse du roi, – et je prends le mot dans tous les sens – avait accepté sans grand plaisir cette propriété meublée. Elle ne la considéra que comme une préface, un avant-propos, dont Balincourt devait être le chapitre définitif.

Le premier soin de la favorite fut d'écarter, dès son arrivée, les serviteurs personnels de Léopold II, à l'exception toutefois de quelques-uns.

« Monseigneur Martin », homme de confiance, fut immédiatement appelé à la garde du château de Lormoy.

Dans cette résidence, le roi des Belges vivait maritalement – et dans toute la force du terme – avec la favorite. Complètement sous sa dépendance, il en était arrivé à accepter d'elle les plus terribles rebuffades, les scènes les plus injustes. Pour mériter un sourire, il subissait les plus étranges caprices et n'avait même plus la force de caractère nécessaire pour défendre son haut personnel particulier.

La baronne avait exigé que le roi fût servi par ses domestiques propres – j'entends ceux amenés de la villa Van der Borght. Seul, le valet de chambre du souverain avait trouvé grâce face à cet ostracisme. Les officiers appelés par Léopold II à Lormoy ne tardèrent pas à ressentir durement la violence du caractère de la bouillante baronne. Elle leur parlait sur un ton hautain, distant et dédaigneux, mettant à une rude épreuve leur amour-propre et leur fidélité au roi.

Refusant de les recevoir dans le château même, elle leur avait assigné comme lieu de résidence un pavillon situé au fond sud du parc. Il fut ordonné aux malheureux officiers d'ordonnance de ne point bouger, sans ordre, de ce chalet. Ils y couchaient et y prenaient leurs repas, accommodés par une modeste cuisinière, dont les crédits étaient aussi maigres que le talent.

Les chauffeurs du roi furent exilés dans les villages voisins. Les uns logeaient à Saint-Michel, les autres à Montlhéry. Ils devaient faire chaque matin plusieurs kilomètres pour venir prendre leur service. Toute réclamation était soumise directement à la baronne. Le roi s'inclinait devant ses décisions et approuvait sans réserve.

La sûreté générale, chargée de veiller sur la sécurité de Léopold II, s'acquitta toujours parfaitement de sa tâche. On doit rendre ici hommage au tact de cette administration. Le roi ne sentit jamais peser sur lui la surveillance discrète des agents français. Ceux-ci logeaient dans un poste spécialement créé pour eux à Saint-Michel. Ils étaient dirigés par un commissaire spécial. Des lignes téléphoniques supplémentaires reliaient directement Lormoy à Paris.

Mais si la police française s'inquiétait avec raison de la sécurité du roi des Belges, Mme Caroline Lacroix, baronne de Vaughan, Française de naissance, ne laissait qu'aux gendarmes bruxellois le soin de veiller sur sa personne. Deux de ces braves pandores affectées spécialement au service de la châtelaine avaient été élevées par elle au rôle de domestiques de confiance. Ils ne quittaient pas d'un pas leur puissante maîtresse. Celle-ci dédaignait du reste, généreusement, de payer leur solde. Et c'est le Trésor belge qui entretenait, en France, ces fidèles représentants de l'autorité, attachés à la surveillance d'une nouvelle Cythère. Nous verrons comment ces soldats passèrent successivement du grade de portier à celui de valet de pied pour terminer leur martiale carrière sous le tablier à bavette de la simple bonne d'enfants ! Entre temps, ils étaient porteurs de chaise, descendant la baronne de ses appartements dans une chaise à porteurs !

Au mois d'août 1907, le roi, sur les conseils de ses médecins et souffrant d'une grave crise rhumatismale, partit faire une cure à Badgastein, en Autriche. Quinze jours plus tard, rappelé en Belgique par les affaires de son gouvernement, le souverain était de retour à Bruxelles. Il n'y resta pas longtemps. Attiré par le souvenir de celle qui régnait sur son cœur, il se hâta de liquider rapidement les questions de politique intérieure. Puis il repartit en automobile pour Lormoy où il se réinstalla définitivement auprès de la baronne de Vaughan.

Mais la santé de Léopold II continuait à n'être point brillante. Son docteur particulier exigea un séjour prolongé à Royat. Nous étions au commencement du mois de septembre, et le souverain, obéissant à contrecœur aux ordres de la Faculté, quitta, la mort dans l'âme, sa très douce Caroline.

Royat sembla au roi aussi triste que Badgastein. Loin de Mme de Vaughan, il ne se plaisait nulle part. À peine installé, il eut recours au procédé employé par les bons pères de famille, retenus loin de leur maison. Il suivait toute la semaine – et sévèrement – sa cure médicale, mais chaque samedi, il reprenait le rapide qui le déposait à six heures du soir à Fontainebleau. Deux automobiles, détachées de Lormoy, l'y attendaient. L'une qui lui était destinée était conduite par le chauffeur Grandjean, et l'autre servait à transporter les agents de la sûreté générale et le commissaire spécial veillant à la sécurité du souverain. Comme on le voit, la situation de ce fonctionnaire n'était pas une sinécure.

Fin septembre, le roi, ayant terminé sa cure à Royat, revint se réinstaller définitivement au château de Lormoy. Il commença à mener, dès lors, la plus calme des vies de famille.

Mme de Vaughan se trouvait dans un état de grossesse avancée. Aussi, le célèbre Dr Bars, le chef de clinique connu, faisait-il, au château, de fréquentes visites. Le praticien, qui habitait à Paris, rue La Boëtie, était l'objet de toutes les attentions du roi. Léopold II avait ordonné qu'une de ses automobiles fût mise à la disposition du chirurgien. Cette automobile était remisée au garage « Excelsior ». Le chauffeur logeait dans un hôtel de premier ordre, se trouvant en face du garage. Il n'en devait pas bouger, de façon à être prêt, la nuit comme le jour, à obéir à tout appel du médecin accoucheur.

Comme on le voit, l'événement attendu préoccupait grandement le roi. Il avait à Lormoy de fréquents colloques avec le Dr Bars, et dans la crainte que la naissance espérée n'ait lieu subitement, Léopold II en arrivait à ne même plus oser s'éloigner de la propriété.

Après le déjeuner du matin, le souverain se mettait au travail. Il avait apporté de Laeken de nombreux dossiers concernant des affaires importantes qu'il devait résoudre. Il se faisait aider dans ce travail par l'officier de service qui lui servait de secrétaire.

Le second déjeuner avait lieu à une heure. Aucune personne étrangère n'était reçue à table et le roi restait en tête à tête avec la baronne de Vaughan. Celle-ci l'interrogeait fort souvent sur les affaires politiques du royaume, elle en traitait, avec Léopold II, tout comme des choses de son intérieur.

Le souverain prenait conseil de sa maîtresse, et suivait toujours, très exactement, ses observations.

L'après-midi, en petit veston d'appartement, le monarque recevait les architectes et les entrepreneurs. Il ne cessa de faire à Lormoy des transformations importantes et dont devait bénéficier la famille Say, propriétaire du domaine.

Il faut croire que cette existence, toute de tranquillité et de sagesse, convenait fort mal au tempérament du roi, car il recommença à souffrir de ses douleurs rhumatismales. Aussi, sur les conseils du Dr Thiriar, se décida-t-il à tenter une cure d'électricité qu'il accomplit dans l'établissement de la rue Volney.

Chaque matin, Léopold II montait dans son automobile et gagnait Paris par l'itinéraire suivant : Villeneuve-le-Roi, Choisy-le-Roi, Vitry, porte de Choisy, boulevard de l'Hôpital, pont des Saints-Pères, Tuileries, rue de Castiglione, place Vendôme, rue Volney. Il était rigoureusement interdit au chauffeur de varier son trajet.

La sûreté générale, qui veillait avec le soin que l'on sait sur l'existence du roi, échelonnait tout le long de la route des gendarmes. Aux carrefours, les braves pandores devaient écarter les curieux qui se pressaient, chaque matin, sur le passage du roi des Belges. La voiture royale se riait, du reste, des règlements de police, et le parcours, effectué à toute vitesse, s'accomplissait exactement en cinquante-cinq minutes.

Il est avec le ciel – et avec les gouvernements républicains – des accommodements. Tous les octrois étaient brûlés. Je dois dire que l'automobile de la baronne de Vaughan jouissait exactement des mêmes privilèges. Cette allure rapide devait, du reste, occasionner des accidents dont il fut beaucoup parlé à cette époque dans la presse. L'auto royale arriva un jour à toute allure dans un troupeau de bœufs. Les bêtes affolées s'enfuirent dans toutes les directions, et le bouvier attrapé au passage par l'avant de la voiture tomba sous les roues. Grièvement blessé, l'homme fut relevé et, le soir, tous les journaux parisiens publiaient la nouvelle sous la manchette sensationnelle: « Un paysan écrasé par le Roi des Belges. »

La baronne de Vaughan – en souveraine toute-puissante – dédaigna toujours prendre, dans Paris, les précautions nécessaires. Son automobile renversa un jour, sur le pont Royal, un malheureux cycliste qui s'était accroché au garde-boue de la voiture. Le chauffeur fut condamné à cinq cents francs de dommages et intérêts. Inutile de dire que ce fut le roi qui acquitta personnellement l'amende.

À son retour à Lormoy, le roi ne sortait plus du château. Il s'y soumettait à une cure d'air rigoureuse. Assis dans un fauteuil, sur la terrasse du château, le dos enveloppé d'une ample couverture, il demeurait là des journées entières. Le dimanche, Léopold II se rendait à pied à Longpont pour entendre la messe de huit heures. Les habitants de la localité, tous socialistes, manifestaient une indifférence absolue pour la personne du roi des Belges. Sur le passage du souverain, aucun chapeau, aucune casquette ne se soulevait. Léopold II souffrait visiblement de cette hostilité avouée et, plusieurs fois, il s'en entretint avec le commissaire de la Sûreté générale attaché à son service.

À sept heures, le souverain dînait en tête à tête avec la baronne de Vaughan. Il menait à Lormoy la vie de famille la plus rigoureuse. Le jeune fils de la baronne, le duc de Tervueren, n'était jamais reçu à la table maternelle. Il prenait tous ses repas dans la nursery avec sa gouvernante. Cela lui évita d'assister à des scènes orageuses qui éclatèrent souvent entre les deux amants. Aux derniers temps de sa grossesse, Mme de Vaughan devint fort irritable, et toute la domesticité fut témoin des apostrophes violentes dont elle accablait son royal amoureux.

Mme de Vaughan affecta, du reste – et toujours – de ne jamais appeler Léopold II « Sa Majesté» devant son personnel. Elle ne disait même pas «Monsieur», comme cela se passe dans les intérieurs bourgeois. Elle désignait le roi par le pronom «Il» et prononçait volontiers:

— «Il» ne rentrera pas dîner ce soir..., «Il» est en retard... Il faut ôter «Son» couvert...

Manie bizarre qui surprenait grandement la basse domesticité et prêtait à toutes les plaisanteries...

Le jeune duc de Tervueren ne quittait jamais le parc. Sa gouvernante l'accompagnait dans ses promenades, perpétuellement escortée du gendarme belge, en civil, chargé de veiller à la sécurité du bébé royal. Le valeureux guerrier, transformé en bonne d'enfants, s'acquittait de sa mission avec tant de dévouement, que bientôt le duc de Tervueren ne voulut plus avoir affaire qu'à lui seul. On rencontrait souvent la sympathique pandore, payé par l'État belge, portant dans ses bras le fils de Mme de Vaughan. À la fin, le gendarme, réclamé sans cesse par le garçonnet, couchait même dans un petit cabinet voisin de la chambre de l'enfant. Il ne le quittait pas plus que son ombre.

C'est pendant la grossesse de Mme de Vaughan que D... fit plusieurs apparitions à Lormoy. Ancien sous-officier de l'armée française, portant beau, la moustache conquérante, avec toutes les allures du brigadier de cavalerie, le beau D... avait fait une impression profonde sur le cœur de la baronne. En fait, elle ne se résolut jamais à rompre complètement avec celui qu'elle faisait passer pour son frère, et qui eut toujours ses petites entrées aux domiciles particuliers de la favorite. Lorsque le roi était à Royat ou se rendait à Paris, pour suivre sa cure électrique, D..., prévenu par dépêche ou par téléphone, arrivait immédiatement à Lormoy. Une automobile conduite par un chauffeur de confiance allait en hâte le prendre à la gare de Saint-Michel ou de Juvisy. On le reconduisait de même, et en grand mystère, en évitant les indiscrétions des gens de service. Ce secret était, du reste, celui de Polichinelle.

Depuis quelque temps, la presse française avait en effet percé à jour l'intrigue de la baronne. Des articles tendancieux, publiés par des feuilles socialistes, lui étaient parvenus entre les mains. À mots couverts, on laissait clairement entendre que les journalistes français n'ignoraient plus rien des petites comédies dont Lormoy était le théâtre. Mme de Vaughan avait donné au château des ordres sévères, pour que les journaux français ne fussent jamais remis au roi avant qu'elle-même en eût pris connaissance. Elle les lisait tous, attentivement, et ne les confiait au souverain qu'après une enquête sérieuse. Léopold II fut donc ainsi le seul à ignorer les attaques de presse visant sa favorite. De plus, un ami dévoué collectionnait, à Paris, toutes les coupures calomnieuses et les adressait directement à la châtelaine de Lormoy. Son plus grand plaisir était d'en prendre connaissance avec D..., en l'absence du roi des Belges. Les deux amis faisaient des gorges chaudes des indiscrétions ou des attaques des reporters français, et passaient des journées entières, dans un salon du rez-de-chaussée, à dépouiller ce courrier scandaleux...

Quelques jours avant l'accouchement, D... dut cesser ses visites clandestines. Léopold II, très inquiet, ne quittait plus Mme de Vaughan. Mais aussitôt après la naissance du second bébé royal, la baronne se délivra vite de la tutelle du souverain. Elle donna de nombreux rendez-vous à D..., à Paris même, et se rendit plusieurs fois au théâtre, ouvertement, avec lui, bravant la méchanceté des reporters. Le gendarme belge, payé par le roi, serviteur fidèle, dévoué à sa maîtresse, l'accompagnait en qualité de valet de pied et saluait respectueusement le « frère » de la baronne.

CHAPITRE XI

La petite chocolatière

Fin octobre 1907, je fus envoyé de Lormoy à Bruxelles, chargé d'une grave mission... Le roi me demandait de lui rapporter de Laeken des caisses de vin fin et, et, en même temps... la valise diplomatique. Je m'acquittai de cette double tâche, et, quelques jours après, j'étais de retour en France.

Léopold II me fit appeler, dès mon arrivée, auprès de lui et, sans même prendre connaissance des papiers confidentiels que contenait la précieuse valise, me dit à brûle-pourpoint :

— *Voici, maintenant, ce qu'« Il » veut que tu fasses. Tu vas aller à Paris et tu vas « Lui » chercher un petit pied-à-terre meublé, dans une rue peu fréquentée et d'accès facile. « Il » a remarqué, dernièrement, dans une chocolaterie des boulevards, une jolie vendeuse, qui « Lui » plaît beaucoup... « Il » est allé acheter du chocolat l'autre jour et « Il » est sûr qu'il sera facile de décider la personne à venir « Le » voir dans le pied-à-terre. Tu vas donc partir ce soir même pour Paris. Tu logeras où tu voudras. Après-demain, tu attendras au garage « Excelsior », rue La Boétie, « Son » arrivée et tu « Lui » feras part du résultat de tes démarches.*

Je n'eus aucune peine à trouver, rue de La Trémoille – propriétaire Mlle H... – un appartement situé au rez-de-chaussée et composé d'un vestibule, d'un salon et d'une chambre à coucher.

La cage installée, restait à y amener l'oiselle. La mission était délicate. Mais elle n'était pas impossible. J'essayai, consciencieusement, de la mener à bien.

Mon maître m'ayant donné l'adresse exacte de la chocolaterie et m'ayant fait une description détaillée de la vendeuse, je ne tardai pas à découvrir l'une et à m'aboucher avec l'autre.

Malheureusement, la jolie chocolatière avait sur la vertu des opinions spéciales : elle aimait ailleurs, et j'eus beau lui faire miroiter tous les avantages d'une liaison royale, la passion du souverain, les bénéfices d'une telle attache, rien ne put la décider. Elle opposa à mes démarches et à mes offres d'argent une fin de non-recevoir absolue. Cette petite chocolatière n'était pas royaliste...

Le surlendemain, il fallut bien me rendre au garage « Excelsior » pour confier à mon maître mon échec complet.

Dès sa descente d'auto, le roi, très énervé, congédia son officier d'ordonnance, s'approcha de moi, et m'interrogea.

Quand il apprit que la jolie brune repoussait ses propositions, il entra dans une violente colère...

L'abstinence où il s'était confiné pendant la grossesse de sa favorite n'était pas profitable à son tempérament. Il me reprocha durement ma maladresse et me menaça d'un renvoi immédiat.

La nécessité rend ingénieux, et elle m'avait déjà réussi avec la gantière des Palmiers. Je promis à mon maître que je lui amènerais, le lendemain, deux jeunes filles de la haute bourgeoisie, de bonne éducation et fort jolies...

Cet expédient le calma. Il me demanda alors à visiter l'appartement de la rue de La Trémoille, qui lui plut beaucoup, et rendez-vous nouveau fut pris pour l'après-midi du jour suivant...

Le soir même, j'avais trouvé les deux oiseaux rares. Le plus curieux, c'est que ces jeunes filles appartenaient réellement à de bonnes familles. Apparemment très libres, peu surveillées, romanesques, et ayant déjà tous les caractères de la demi-vierge, l'aventure les tenta et elles en escomptèrent, par avance, les nombreux profits. Elles promirent de venir rue de La Trémoille et furent fidèles à leur parole.

Le lendemain, j'allai attendre mon maître à la clinique de la rue Volney. Il apprit, avec plaisir, l'heureux résultat de mes démarches. Il m'ordonna de faire venir les jeunes personnes bien avant l'heure qu'il avait fixée, afin qu'aucune indiscrétion ne fût commise par le chauffeur. Je suivis scrupuleusement ses instructions, et Léopold II arriva rue de La Trémoille après avoir fait, en troisième vitesse, une randonnée aux portes de Paris, qui dérouta les agents parisiens chargés de le suivre...

En ouvrant la porte au roi, je commis la maladresse insigne de, l'appeler « Sire »... Cette faute contraria grandement le souverain, qui m'avait recommandé le silence le plus absolu sur son incognito. Il m'entraîna dans la cuisine de l'appartement et m'ordonna de l'appeler « mon ami »... devant les deux petites femmes. Je promis... mais, singulièrement embarrassé par l'extraordinaire licence accordée, j'eus grand soin, dans le cours de la conversation, d'éviter les paroles directes...

Léopold II, après avoir longuement causé avec ses jolies partenaires, extrêmement intimidées, se contenta de l'une d'entre elles. L'autre, qui ne lui plaisait pas, fut discrètement évincée. Pendant plus d'un mois, le roi des Belges vit journellement sa nouvelle conquête, dans l'appartement de la rue de La Trémoille, qui fut toujours ignoré de la police et de la presse... Mon maître s'entourait pour y parvenir d'extraordinaires précautions.

Quand il se lassa de sa maîtresse de passage, il la quitta brusquement, comme il avait coutume de le faire, sans aucune politesse, remettant simplement l'enveloppe fermée, contenant le prix du sacrifice...

La jeune Parisienne, qui s'était sérieusement attachée à son illustre amant, ressentit cruellement la dureté du procédé. Elle avait bâti tant de châteaux en Espagne, qu'elle tomba de fort haut...

Les châteaux devaient être réservés à la seule grande favorite, à la très aimée baronne de Vaughan.

En matière amoureuse, le roi des Belges ne s'attardait pas en préliminaires. C'était presque le « déshabillez-vous » de Napoléon... avec l'accent en plus et les bijoux en moins.

CHAPITRE XII

Incidents de parcours

Le roi, qui se rendait souvent de Bruxelles à Lormoy en automobile, s'entourait toujours au moment de ces voyages d'un grand luxe de précautions. Le chauffeur désigné pour conduire la voiture royale devait soumettre personnellement au souverain l'itinéraire adopté, souvent différent, et Léopold II en discutait ensuite avec lui. Les automobiles avaient ordre d'attendre le roi devant la grille du château, tous feux éteints, afin de ne pas attirer sur eux l'attention des curieux. En cours de route, le souverain, qui ne souffrait aucune entrave à ses projets, supportait fort mal les règlements de voirie. Il eut à ce sujet de nombreuses discussions avec les gardes champêtres et maires (dont il traversait les communes), car il ne voulut jamais ralentir la vitesse de ses voitures. Un jour, près de Soissons, une barrière étant fermée à un passage à niveau, Léopold II donna l'ordre à son officier d'ordonnance de faire ouvrir cette barrière. L'employé qui attendait un train se refusa tout nettement à obtempérer à la volonté royale. L'officier insista, montra un coupe-file de la sûreté générale : *Service du roi des Belges.* Impatienté, digne, dans l'attitude de Cambronne à Waterloo et fort de sa qualité de citoyen républicain, le garde-barrière, dédaigneusement, laissa tomber devant l'officier ahuri :

— *J'emm... Popol!*

Le propos, rapporté au souverain, le mit dans une grande colère ; il fit prendre le nom de l'employé, désireux de le désigner aux foudres de l'Administration. Mais, ensuite, il se ravisa. Et l'homme ne paya pas trop cher un mot qui aurait pu être historique.

Cet incident, toutefois, avait fort affecté le roi qui fit auprès du gouvernement une démarche spéciale. Par la suite, chaque fois que le souverain voyagea en France, la sûreté générale fit précéder l'automobile royale d'une voiture rapide emmenant un commissaire spécial. Celui-ci avait reçu la mission de faire ouvrir, par avance, toutes les barrières se trouvant sur l'itinéraire de Léopold II. Les express passant souvent à la même heure, et des accidents étant possibles, le commissaire prit sur lui de faire stopper les trains. Ce fut une revanche, inconnue du public, prise par le pneu sur le rail.

On sait qu'en chemin de fer, le roi ne voyageait jamais que dans sa berline personnelle, confortablement aménagée, dans laquelle il pouvait prendre ses repas et se reposer au besoin. Cette berline était posée sur des fourgons de la Compagnie du Nord, attelés eux-mêmes aux grands rapides de Bruxelles.

CHAPITRE XIII

L'achat de Balincourt

Pressé par sa favorite et désireux de lui offrir un domaine digne d'elle, le roi avait fait des démarches pressantes auprès de la famille Say, pour la décider à lui vendre Lormoy. Les offres furent déclinées. Le souverain chargea alors son ministre à Paris, M. Leghait, de trouver un château de belle allure, pouvant être transformé et agrandi, susceptible de devenir, par la suite, le Crécy de Mme de Vaughan. Le ministre belge porta son choix sur Balincourt.

Dans les premiers jours de décembre 1907, Léopold II se rendit secrètement à Balincourt, sans aucune suite et accompagné seulement de M. Leghait. Après de nombreux changements d'itinéraire, la voiture arriva au château. Il fallut parlementer avec un jardinier pour se faire ouvrir les portes. À bout de patience, le souverain déclina sa qualité. Le jardinier le laissa passer mais, peu convaincu sans doute de l'honorabilité de ces curieux visiteurs, il courut prévenir le représentant des propriétaires, laissant à la porte le ministre belge.

Au bout de quelques instants, le roi s'aperçut qu'il était seul et entra dans ma grande colère. Dès qu'il vit arriver l'homme d'affaires chargé des intérêts de la partie adverse, il s'éleva en reproches interminables. Son ministre lui ayant été rendu, il visita, l'air courroucé, le parc, les pièces du château, trouvant tout trop petit et sans attrait. Il repartit quelques minutes après pour Lormoy, où il confia le soir même à la baronne qu'il avait cru être tombé dans un guet-apens politique. La description qu'il lui fit de Balincourt n'était pas flatteuse. Pourtant Mme de Vaughan désira visiter à son tour le domaine. Ayant déjà une arrière-pensée arrêtée et désireuse de forcer la main du souverain, elle prit avec elle son architecte, M. B.. Toute la journée, ils étudièrent ensemble le plan des modifications et des travaux urgents. Le soir même, Léopold II donnait carte blanche à sa favorite. Il ne voulut même plus retourner à Balincourt avant la fin des embellissements. La baronne commanda tous les entrepreneurs et signa tous les devis. Le roi ne fit que les approuver sans jamais les examiner.

Pourtant, Léopold II se piqua au jeu. La transformation de Balincourt fut si complète, Mme de Vaughan sut si bien muer le domaine en résidence princière, que le roi s'éprit violemment de son œuvre. Il rêva bien vite d'en faire une des plus belles résidences de France. Il engagea personnellement, avec les propriétaires des environs, des pourparlers visant à agrandir la propriété foncière du domaine. L'une des terres proches du château se trouvait être justement d'une superficie triple à celle de Balincourt. Les deux terrains réunis pouvaient former, à eux deux, une petite province. Le roi multiplia les démarches... mais on lui tint la dragée haute. Il voulait pourtant, de toute la force de sa volonté tenace et entêtée, posséder, aux portes de Paris, un domaine royal, de la superficie d'un département et faisant de lui le plus important des propriétaires fonciers...

La maladie, puis la mort coupèrent les ailes à son rêve et pour Mme de Vaughan, le roi des Belges a succombé deux années trop tôt. Si le temps lui avait fait crédit, son ambition aurait pris corps...

Et alors, peut-être aurait-on compris la raison secrète de cette folie des grandeurs...

Léopold II – qui voyait vaste – ne cachait pas à ses intimes l'ambition secrète qui fut celle de toute sa vie : *rétablir à son profit la monarchie française.*

Trompé par ses agents particuliers qui lui assuraient que sa popularité était énorme en France, il n'avait jamais abandonné sa curieuse idée...

Et toutes les négociations entamées au sujet de Balincourt jettent sur les dessous de sa politique personnelle une lumière bien curieuse.

CHAPITRE XIV

Une fête artistique à la Villa Van der Borght

J'ai dit que Mme de Vaughan semblait avoir calqué ses procédés d'action sur ceux de la marquise de Pompadour, maîtresse de Louis XV. Comme cette dernière, elle avait entouré le roi des Belges de toutes ses créatures à elle. Comme cette dernière, elle s'efforçait d'avoir toujours auprès du souverain des amis sûrs, chantant ses louanges. Comme la belle Mme Poisson encore, elle voulut avoir ses spectacles du « Petit-Cabinet », se posant nettement face à l'opinion en tant que protectrice des arts...

C'est à Ostende que la baronne commença à se lier avec des artistes de renom fréquentant le Kursaal. Ayant entendu dans ce somptueux établissement la grande cantatrice Frieda Hampel, elle voulut à toutes forces la présenter au roi et soumettre celui-ci au supplice d'une audition privée. Louis XV aimait sans doute la musique et les divertissements légers, ce qui facilitait la tâche de Mme de Pompadour. Léopold II, lui, était l'ennemi juré de la musique, qu'il avait en horreur. On peut imaginer de quel œil il suivait les nouvelles tendances de sa favorite.

Mais une jolie femme a, pour arriver à ses fins, des moyens puissants. Le souverain entendit Mme Hampel. Mieux encore ; il donna son approbation au projet d'une grande fête artistique, qui devait être donnée à la villa Van der Borght dès le retour en Belgique de Mme de Vaughan.

Cette soirée, dans une grande débauche de décors, connut un grand succès. En dehors de Frieda Hampel, le violoniste Jacobs, le maestro Rinskopf et d'autres artistes de moindre notoriété furent tout spécialement engagés. Le roi assista au concert, qui fut brillant, entouré d'une petite cour de privilégiés. Officiellement, la fête se termina à minuit, heure à laquelle Léopold II prit congé, retournant aux Palmiers. Mais, dès que l'automobile royale se fut éloignée, les voitures de la baronne partirent, dans toutes les directions, à la recherche d'invités plus plébéiens. Ceux-ci, des amis personnels de la favorite préalablement prévenus, attendaient le moment d'intervenir. Dès que fut introduite cette nouvelle assistance, les divertissements reprirent en toute liberté. Les domestiques apportèrent les bouteilles de champagne dont les bouchons sautèrent joyeusement. On fit franche bombance. Les danses les plus osées s'inscrivirent au programme et, jusqu'à quatre heures du matin, les commensaux de la baronne s'en donnèrent à cœur joie, affranchis de toute étiquette gênante. Au moment du départ définitif, certains invités se trouvaient même dans un état déplorable. La jolie Madame X..., confidente de Mme de Vaughan, pour avoir trop abusé des crus français et des produits de nos vignes champenoises, dut être transportée fort souffrante dans son automobile. Pendant ce temps, S. M. le roi des Belges ayant absorbé un verre de limonade et mangé quelques gâteaux au cours de la soirée officielle, dormait paisiblement aux Palmiers, convaincu que sa favorite, comme lui, rêvait aux anges.

L'éclat de cette fête devait avoir, du reste, une répercussion inattendue dans les milieux diplomatiques. Pour récompenser les artistes présents de leur aimable concours, Léopold II avait chargé le baron Snoy de mettre à la disposition de Mme de Vaughan un certain nombre de bijoux. Le maestro Rinskopf et le violoniste Jacobs acceptèrent avec reconnaissance ces souvenirs. Frieda Hampel se montra plus exigeante. Elle savait que la baronne de Vaughan se flattait ouvertement de jouer les mécènes et de favoriser les artistes : elle résolut de jouer de la corde sensible de la favorite et lui demanda résolument *la décoration de l'ordre de Léopold !* Cette décoration, très rarement accordée, était fort recherchée. Mme Vaughan, toute au plaisir de son nouveau rôle, se fit forte d'arracher la décoration au roi. Le souverain, qui ne savait rien refuser à sa très charmante amie, l'accorda. Trois jours plus tard, Mme Hampel se présentait sur la scène du Kursaal, arborant aux yeux de centaines de spectateurs et sur sa toilette de grande cantatrice la distinction officielle. Ce fut une stupéfaction générale... L'incident vite étouffé ne s'ébruita pourtant pas. Et Mme de Vaughan put se flatter d'avoir récompensé royalement un talent indiscuté.

La fête que je viens de rapporter eut du reste de nombreux lendemains. L'habitude s'ancra, à la villa Van der Borght, d'organiser des concerts artistiques, où le roi se traînait triste et maussade. Mais ce n'était là qu'un intermède. Dès le maître parti, les autos reprenaient la route et les privilégiés se chargeaient de distraire, jusqu'à l'aube, l'humeur souvent morose de la trop heureuse favorite. Un soir – ou plutôt un matin –, les joyeux compagnons décidèrent d'aller achever la fête en ville. Les voitures réquisitionnées partirent à l'aube et déposèrent la troupe dans des endroits de plaisir renommés. Mme de Vaughan, reconnue dans un bar, comprit bien vite l'étendue de sa faute. Subitement inquiète, elle se fit reconduire en toute hâte à la villa Van der Borght. En chemin – à huit heures du matin —, sa voiture croisa celle du roi. Heureusement, l'automobile était vide. Le chauffeur eut l'air de ne pas apercevoir la jolie voyageuse. Le mécanicien comprit... et se tut. Mais, depuis cette sortie mémorable, Mme de Vaughan se montra plus prudente dans ses réceptions intimes. La presse, du reste, commençait à faire allusion à ces brillantes soirées. Et le roi ayant demandé des explications au sujet de ses pointes perfides reçut l'assurance de son propre entourage, gagné à la favorite, qu'il n'y avait, dans tout cela, que des calomnies sournoises...

CHAPITRE XV

La Cour de Mme de Vaughan

Comme on le sait, les faveurs dont jouissait la baronne de Vaughan avaient été exploitées par plusieurs personnes de son entourage. Du temps de sa médiocrité, la maîtresse de Léopold II s'était liée avec une jeune femme, Madame X..., mariée depuis à un employé de très modeste condition. Madame X..., qui avait été l'amie des mauvais jours et avait su se tenir respectueusement dans le sillage de Mme de Vaughan, fut appelée officiellement à la villa Van der Borght. Protectrice des arts, la châtelaine du lieu souffrait de n'être point musicienne. Madame X... jouait agréablement du piano... Il fut décidé qu'elle apprendrait à la baronne de Vaughan les rudiments de l'art où elle excellait.

Dès lors, Mme X... ne quitta plus Mme de Vaughan ; elle la suivit à Nice et dans tous ses déplacements. À Ostende, elle coucha chez la baronne au grand déplaisir du roi qui l'accusa d'accaparer « sa toute belle ». Dans les Ardennes, elle fut de toutes les fêtes en compagnie de son mari qui ne tarda point à être incorporé au service d'honneur de la maîtresse du roi. Enfin, la jalousie de Léopold II allant en s'exaspérant, le souverain ne recula pas à affecter au service particulier de Mme de Vaughan un certain monsieur M..., ancien officier de l'armée belge. Ce monsieur M..., homme de confiance du roi, fut chargé par ce dernier de le tenir au courant de tous les faits et gestes de la favorite. L'ancien officier devint le directeur reconnu de tout le personnel de la villa Van der Borght. Il émargeait de la liste civile et mettait fièrement sur ses cartes : *contrôleur du service de S. M. le Roi des Belges ;* en réalité, monsieur M... *ne contrôlait* que la vertu de Mme de Vaughan !

La villa était, du reste, montée sur un pied absolument princier. Cinq femmes de chambre, un valet de pied d'appartement (soldat en service actif dans l'armée belge), trois domestiques mâles, quatre cuisiniers, un mécanicien et deux chauffeurs assuraient le service personnel de la favorite. L'un des gendarmes de Lormoy, auquel la baronne avait confié la haute charge de veiller à sa sécurité, couchait dans un cabinet voisin de la chambre de la châtelaine du lieu.

Les deux enfants – qui voyaient fort peu souvent leur mère – avaient été confiés à une institutrice de tout repos, à celle des Pandores qui s'acquittait si bien de sa tâche à Lormoy et à Mme L..., de Bruxelles, une amie de Mme de Vaughan. Celle-ci ne quittait jamais les bébés royaux.

Tout ce monde – bas et haut personnel – exploitait consciencieusement l'influence de la favorite. Elle n'était pas ingrate : toutes ces relations amicales furent largement comblées de faveurs et d'emplois. M. X..., mari de la maîtresse de piano, qui occupait dans la garde civique un grade subalterne, rattrapa vite le temps perdu. À la mort de Léopold II, il arborait fièrement le plumet d'officier supérieur...

Mme de Vaughan paya toujours ses dettes de reconnaissance.

CHAPITRE XVI

Le roi et sa famille légitime

Les relations du roi avec les membres de sa famille étaient, à vrai dire, des plus rares. Ni d'un côté ni de l'autre, on ne semblait disposé, d'ailleurs, à les multiplier au-delà des limites assignées par le protocole ou par la nécessité de sauvegarder les apparences, vis-à-vis des indifférents.

Lorsque la princesse Clémentine résidait à Laeken, la situation était rendue fort pénible pour elle, par le voisinage immédiat de la favorite de son père. L'amour-propre de la douce princesse fut souvent exposé à de dures épreuves, car le pavillon du Belvédère qu'elle occupait étant situé à une cinquantaine de mètres environ du pavillon des Palmiers, elle pouvait voir le souverain sortir en automobile ou à pied chaque fois qu'il partait visiter sa maîtresse.

Mais le roi ne s'arrêtait jamais pour lui parler, et ne répondait à son salut respectueux que par un geste très bref.

Fréquemment, la princesse rencontrait, dans Laeken, Léopold II, accompagné de la baronne de Vaughan. Elle faisait tout pour éviter ces rencontres, qui meurtrissaient profondément son cœur de fille soumise et respectueuse. Pourtant, elle ne put toujours éviter les froissements. Un jour, en se promenant chaussée de Meysse, en compagnie d'une dame d'honneur, alors qu'elle tenait son chien favori en laisse, elle aperçut la baronne conduisant un âne par la bride et sur cette monture, le petit duc de Tervueren. Le roi s'appuyant sur une canne suivait péniblement ce groupe.

La favorite, de fort méchante humeur à la suite, sans doute, d'une de ces innombrables scènes qu'elle faisait au roi, activait l'allure de l'animal. Léopold II, voulant suivre le groupe et pressant le pas, trébucha et tomba à genoux dans le sable. Ce qui fit dire à un valet irrévérencieux que le roi s'était « couronné ». Ce propos arriva aux oreilles de la princesse qui fut douloureusement émue de ce spectacle pénible, en raison de ses sentiments filiaux bien connus.

Quelque temps après, passant par hasard devant la grille du parc forestier où était arrêtée une automobile du roi avec un de ses valets de pied habituels, elle put apercevoir derrière cette grille un groupe composé du souverain, de la baronne de Vaughan, de la gouvernante et des deux bébés royaux.

Le valet de pied, s'approchant du monarque, lui remit des plis cachetés, mais la baronne, s'en emparant vivement, les ouvrit elle-même et ne les remit au roi qu'après en avoir pris, au préalable, connaissance. Or, ces plis étaient confidentiels !!! et émanaient du ministère des Colonies.

La favorite s'intéressait énormément à l'extension coloniale de la Belgique. Cet État ne saura jamais exactement ce qu'il doit, en matière congolaise, à la soi-disant épouse morganatique de son souverain.

La princesse Clémentine n'avait avec son père, je l'ai dit, que les relations officielles absolument nécessaires. Le roi se faisait accompagner par sa fille dans certaines cérémonies publiques où il appréhendait un accueil froid. La princesse, étant très populaire, le protégeait souvent contre les hostilités du public qui, sans cette protection, eût parfois donné libre cours à son mécontentement.

Les rapports du monarque avec son neveu, le prince Albert et la princesse Élisabeth, souverains actuels, étaient encore plus rares. Il affectait de ne s'adresser à son neveu qu'en l'appelant « Monseigneur », titre qu'il donnait également à son concierge et au sacristain de Laeken !

Il ne voyait la comtesse de Flandre qu'à l'occasion de sa fête, lorsqu'il se trouvait à Bruxelles, et toute son attention se bornait alors à l'envoi d'une gerbe de fleurs, plus ou moins banale.

Les dépenses de la princesse Clémentine étaient payées par la liste civile, non sans être passées par le contrôle le plus rigoureux. Celles de la baronne de Vaughan ne subirent jamais ce contrôle, car elle ne l'eût pas supporté.

La favorite cherchait à tout propos à se trouver dans le voisinage de la fille de son royal amant, mais ce manège, très peu digne de sa part, fut chaque fois déjoué par la méprisante indifférence de la princesse.

CHAPITRE XVII

La Baronne de Vaughan et M. Marquet

Il fut beaucoup question de la soi-disant intimité qui aurait existé entre la baronne de Vaughan et M. Georges Marquet, le fameux directeur général des bains de mer d'Ostende, ancien manager sensationnel du Kursaal et du théâtre royal de cette ville. En vérité, il n'y eut là que de simples relations d'affaires, dictées de part et d'autre par des considérations d'intérêt particulier.

La baronne avait comme dame de compagnie une certaine madame X..., qui eut une certaine réputation de pianiste. À ce titre, elle fut en même temps la professeure de la baronne. Le mari de cette dame, espèce de factotum de Mme de Vaughan, était un jeune et joli garçon, auquel les mauvaises langues reprochaient certaines familiarités avec sa... patronne. Il en était de même de son épouse, qui entretenait avec la baronne des rapports d'une étroite intimité.

Le frère de Mme X..., jeune homme de belle et solide carrure, baryton de théâtre, devint le protégé de Mme de Vaughan : cette protection fut-elle platonique ? Je n'oserais l'affirmer. Toujours est-il que ce fut à cette occasion que la royale amie fit la connaissance de M. Léon Rinskopf, directeur artistique et capellmeister distingué du Kursaal, qui, en homme avisé et adroit, prétexta la nécessité de faire passer ses engagements par l'approbation souveraine de M. Marquet, pour mettre celui-ci en rapport avec son intéressante solliciteuse.

M. Marquet, voyant le parti qu'il pouvait tirer de cette relation, n'hésita pas à engager le baryton pour plusieurs concerts, à de fort belles conditions – d'ailleurs exagérées pour sa valeur d'artiste. Il fit faire, par voie d'affiches et de journaux, à celui-ci, une publicité similaire à celle des Caruso et des Frieda Hampel que l'on entendait à la même époque au Kursaal d'Ostende.

L'intelligent imprésario se montra fort assidu auprès de la maîtresse du roi, s'ingéniant à lui faire plaisir, avec une certaine familiarité bon enfant, sans jamais lui manquer de respect. Il sut rapidement – en charmeur autoritaire qu'il est – conquérir ses bonnes grâces, et la baronne devint une habituée du Kursaal pendant tout le séjour qu'elle fit à Ostende.

Elle se plaisait particulièrement aux grandes répétitions d'orchestre qui avaient lieu chaque matin. Elle s'y faisait présenter certains artistes, prenait plaisir à converser avec eux. Le plaisir était partagé, car elle ne manquait ni d'intelligence ni d'un certain bagout. Et tous les matins, M. Marquet venait se mêler à la conversation, prenant place à côté d'elle et conquérant indirectement le vieux monarque, dont la baronne lui assurait les sympathies.

Une anecdote savoureuse a même fait, à cette époque, le tour de la presse et nous ne la rééditons que pour mémoire. Il y eut, le 21 juillet, jour de la fête nationale belge, un grand concert d'œuvres des compositeurs en renom du pays. À cette occasion, ces messieurs dirigeaient eux-mêmes leurs compositions. Il y avait parmi eux le grand, mais très catholique, Edgar Tiriel, ancien directeur de l'école de musique religieuse de Malines, depuis peu alors directeur du Conservatoire royal de Bruxelles. La baronne émit le désir de le féliciter. Et le très catholique maître Tiriel vint s'incliner devant elle, avec tout le cérémonial qu'il eut déployé devant une authentique majesté, pendant qu'elle lui disait :

— *Nous ferons part à Sa Majesté de toute la satisfaction artistique que nous avons éprouvée à l'audition de votre magnifique composition.*

Un beau jour, la baronne s'avisa de « se refaire une virginité morale par l'art ». M. Marquet, informé par elle de ses projets et comprenant finement que lui donner satisfaction revenait à se mettre habilement en Cour, s'empressa de se tenir à sa disposition. Et, dans une publication qu'il subventionna alors spécialement à cet effet, *Ostende illustré,* parut en première page un magnifique portrait de la baronne, avec un premier article exaltant son mécénat éclairé, un article ensuite reproduit, à la demande de M. Marquet, par d'autres journaux de la localité.

Ce n'était pas tout. Un imprésario bruxellois roublard, M. F..., inspiré par Mme X..., à laquelle il avait procuré plusieurs fois l'occasion de toucher des cachets et qui avait gardé d'excellentes relations avec elle, s'était glissée dans le cercle des répétitions du matin au Kursaal d'Ostende. Connaissant les ambitions artistiques de la baronne, il avait persuadé celle-ci de former une association avec le grand capitaliste Marquet, afin de faire de grandes tournées artistiques ; lui-même en prit, naturellement, la direction. M. Marquet adhéra volontiers à ce projet, qui lui assurait une relation directe et indissoluble avec le monarque cher au cœur de Mme de Vaughan.

Un projet de contrat fut préparé. Mais des circonstances douloureuses voulurent que celui-ci ne fût jamais dressé définitivement et M. F..., s'estimant « roulé » (il avait pris certains engagements à la suite des promesses qu'on lui avait faites), entama un procès par lequel il réclama solidairement deux cent mille francs de dommages-intérêts à la baronne de Vaughan et à M. Marquet.

Le Petit Bleu, l'organe dont M. Marquet est propriétaire, prit vivement la défense de la baronne lors des incidents qui marquèrent la mort de Léopold II. Mais je sais de source sure que tout se borna à des relations amicales entre M. Marquet et la maîtresse du roi. Tous deux intelligents, et mettant au service de leurs intérêts particuliers une adresse et un à-propos qui témoignent d'une virtuosité particulière, ils avaient rêvé d'une simple association qui aurait pu être riche en bénéfices. Mme de Vaughan ne détestait pas les « affaires », ce en quoi elle montrait un esprit pratique, bien moderne, qui, en de multiples occasions, l'attacha plus étroitement encore à Léopold II, passé maître lui-même dans l'art de faire fructifier ses capitaux !

CHAPITRE XVIII

À Laeken, de juin à septembre 1909, la vérité sur l'appartement de l'avenue d'Eylau

En juin de l'année 1909, le roi s'installa aux Palmiers qu'il ne quitta plus, pendant plusieurs mois, qu'à de rares intervalles. Il avait décidé d'aller passer l'été alternativement dans les Ardennes et à Ostende. En effet, le château royal en Ardenne, précédemment occupé par la compagnie des voitures-lits, avait été, sur les ordres du souverain, complètement aménagé et meublé, en vue d'une villégiature prolongée de la baronne et de sa suite. Léopold II, lui, aurait occupé, comme dans ses voyages précédents, la Tour du Rocher, domaine situé à peine à quelques centaines de mètres de la résidence de « sa toute belle ».

Il s'était fait une joie de ce séjour en famille dans ce beau pays sauvage et tranquille que sont les Ardennes. Mais cette perspective n'était guère appréciée de la favorite, peu encline aux rêveries qu'engendre la solitude, fut-ce même aux côtés d'un roi.

Aussi, le souverain, afin de se faire pardonner cet exil, lui promit-il, en compensation, de consacrer juillet et août à Ostende, à condition, bien entendu, que juin et septembre fussent réservés aux Ardennes. Mais, au dernier moment, la baronne refusa de s'installer dans les Ardennes, cette vie sédentaire, affirmait-elle, ne pouvant que fâcheusement contribuer à son embonpoint déjà excessif.

Le roi, à son tour, supprima en guise de représailles la villégiature d'Ostende.

— Vous ne voulez pas me concéder les Ardennes ? Eh bien ! Vous n'aurez pas Ostende.

Et voilà le motif pour lequel le souverain ne vint pas, selon son habitude, à Ostende, la dernière semaine de son règne. On s'ingénia à trouver quantité de raisons à cette soi-disant bouderie contre la reine des plages, on alla même jusqu'à invoquer des arguments d'ordre diplomatique. Il n'en était rien. Il ne fallait que penser à l'éternelle question : cherchez la femme !

Voici pourquoi, à cette époque, le roi s'installa aux Palmiers et la baronne à la villa Van der Borght. Mme de Vaughan obtînt toutefois de son amant que les bébés royaux passent une partie de la saison d'été à Ostende, sous la haute surveillance de « Monseigneur Martin », ce qui fournissait à la favorite un prétexte éminemment plausible pour s'y rendre elle-même du samedi au lundi.

L'épouse morganatique de Léopold II profita d'un de ces séjours à Ostende pour aller, à l'insu du monarque, faire une excursion en France. Mais le retour à la frontière fut l'objet d'une scène assez typique et donna lieu à quelques ennuis auxquels elle n'était plus habituée, depuis qu'elle voyageait, comme un haut personnage, avec un laissez-passer international, sur présentation duquel tous les obstacles disparaissaient.

À sa grande fureur, la baronne de Vaughan se vit obligée de laisser les douaniers inspecter ses bagages ! Ce fut un vrai scandale ! Elle appela sur tous les fonctionnaires les foudres de l'implacable justice royale, menaça de révocation, en attendant mieux, les malheureux fonctionnaires assez audacieux pour prétendre jeter un regard indiscret et fouiller dans ses bagages. Mais elle se garda bien d'exécuter ses menaces, forcée qu'elle eût été d'avouer au roi son escapade en France, alors qu'elle était dans l'impossibilité absolue de l'expliquer d'une manière plausible.

Et voilà comment certains fonctionnaires de la douane belge ne furent pas inquiétés pour... crime de lèse-majesté, commis à l'égard de la personne de la toute-puissante baronne de Vaughan.

Ce fut au cours de ces voyages maternels à Ostende qu'elle fréquenta assidûment le Kursaal, et qu'elle prit au sérieux son rôle de protectrice des arts. J'ai parlé précédemment de ses relations avec M. Marquet.

Toujours très occupée par les soins consacrés à sa beauté, et de plus en plus soucieuse de sa corpulence trop forte, la favorite se mit en tête de faire une cure afin de perdre du poids dans un établissement électro-thérapeutique de Bruxelles, et décida le roi à adopter les soins des spécialistes attachés à cet établissement.

Le monarque, privé de voir sa maîtresse chez elle, en profitait pour se rendre, au plus vite, sur le lieu de la cure et « la voir » ! Hélas ! la baronne entendant se consacrer entièrement au culte de sa beauté ne s'accommoda nullement de cette prévenance. Elle le reçut, plusieurs fois, très sèchement devant le personnel. Mais le roi, toujours captivé par « sa toute belle », accepta toutes ces humiliations...

À cette époque, il y eut des craintes, assez fortes, au sujet de la santé des enfants royaux. Des ordres exceptionnellement sévères et très rigoureux furent donnés par le souverain, pour qu'à la moindre alerte, les bébés fussent entourés de tous les soins nécessaires. Toute communication téléphonique relative à ce sujet de Laeken au palais de Bruxelles devait être transmise d'urgence au roi, et deux chauffeurs, jour et nuit, se tenaient prêts à partir, à l'entière disposition de l'occupante de la villa Vandenborght.

Quand tout danger parut écarté, la baronne de Vaughan s'occupa activement du déménagement des meubles de Laeken, dont elle fit un choix très judicieux : objets d'art, tableaux, porcelaines précieuses, etc. Le tout soigneusement emballé, dans de nombreuses tapissières, fut envoyé sur Balincourt.

Aussi lorsque, vers le 10 septembre, la favorite alla s'installer dans ses propriétés de France, avec toute sa Maison, il n'y avait-il plus rien, ou presque, au château de Laeken... La baronne avait emporté tout ce qui était intéressant. Tandis que la souveraine belge se rendait en France, Léopold II allait dans les Ardennes, pour une période très restreinte. Une partie du personnel ainsi qu'une automobile y furent envoyées.

Le roi s'y rendit par train spécial, accompagné de M. le baron A. Goffinet et de M. Schollaert, chef du cabinet royal. Le monarque voulait discuter de différents travaux exécutés à Ciergnon avec ces hauts personnages. L'austère ministre coucha dans le lit de la favorite, encore tout imprégné de ses parfums. Si jamais ses prudes électeurs l'avaient su !

Après ce voyage effectué dans la Journée du dimanche, l'illustre voyageur rentra le soir, toujours escorté de MM. Schollaert et Goffinet. Il repartit le lundi soir, par train spécial pour Ciergnon et se fit conduire, le lendemain matin, en automobile à Mézières, où il prit le train à destination de Paris.

Arrivé dans la Ville Lumière, à quatre heures de l'après-midi, il trouva à la gare une nouvelle automobile envoyée de Bruxelles, selon des ordres écrits de la baronne de Vaughan au baron Snoy. Aussitôt, la voiture partit à toute vitesse vers Balincourt où le souverain logea.

Mais Léopold II répugnait, malgré tout, à se faire adresser directement chez sa maîtresse un quelconque document concernant l'État belge. Il dut chercher une petite propriété à l'adresse de laquelle il put se faire envoyer cette correspondance diplomatique.

N'ayant pas trouvé ce qu'il désirait dans les environs de Balincourt ou de Pontoise, mon maître se fit louer un pied-à-terre à Paris, 11, avenue d'Eylau. Cet appartement, situé au premier étage, fut loué à raison de mille cinq cents francs par mois, avec faculté, pour le locataire, de renouveler son contrat de location, par terme fractionné de huit jours.

Il fut l'objet de nombreux commentaires de la presse française qui s'ingénia longtemps à percer le mystère de ses murs. La vérité est que ce pied-à-terre ne servit jamais que de « paravent » vis-à-vis des ministres belges qui croyaient adresser au roi, et en mains propres, le courrier diplomatique.

Un valet, envoyé de Bruxelles, y fut logé et chargé de recevoir la correspondance qu'il réexpédiait immédiatement à Balincourt, ou qu'il y portait, en cas d'urgence.

Souvent, d'ailleurs, le roi venait à Paris, afin de suivre son traitement électrique. De là, il allait au pied-à-terre de l'avenue d'Eylau prendre la correspondance et rentrait dîner à Balincourt, dont il était l'hôte.

Entretemps, il faisait quelques voyages à Bruxelles où il retourna, pour la dernière fois, vers la fin du mois de novembre 1909, quelques jours avant sa mort.

CHAPITRE XIX

NICE 1908

Comment le roi correspondait-il avec la baronne de Vaughan

De février à juin 1908, la baronne séjourna à Nice, en compagnie du roi, pendant deux périodes de quinze jours. À Nice, la baronne habitait la villa des Cèdres, avec tout son personnel.

Le roi résida d'abord à Bruxelles. Il descendit pendant quelques jours à Ostende et en profita pour se porter acquéreur de la villa des Iris, contiguë à la villa Caroline, résidence de la baronne.

Le souverain se rendit dans les Ardennes en compagnie du baron Auguste Goffinet. Il y commanda d'importants travaux, notamment la construction d'un chalet pour les domestiques et d'un garage pour automobiles, à la tour des Rochers.

Quelques jours après, les journaux annoncèrent que le roi était souffrant. Cet euphémisme signifiait que le roi désirait se rendre dans le Midi, auprès de la baronne tant aimée.

Il arriva à Nice accompagné d'un valet de chambre et d'un valet de pied. Il descendit à Passable où il reçut les autorités, et donna même un thé, en l'honneur du préfet.

Léopold n'avait, à Passable, qu'un pied-à-terre destiné à sauvegarder les apparences. En effet, il mangeait et il couchait à la villa des Cèdres. Les domestiques du roi et l'officier logeaient à l'hôtel, à Beaulieu.

Après quelques jours, le roi rentra à Bruxelles. Il en repartit, quinze jours après pour Nice, où il fit deux séjours en l'espace d'un mois.

C'est au cours d'un de ces voyages que, pendant, la semaine sainte, le roi et la baronne, dans le plus strict incognito, sans le moindre personnel, s'en furent faire leurs Pâques à Rome, où ils ne firent, du reste, qu'aller et revenir.

Voici comment correspondaient le roi et la baronne :

Lorsque celle-ci était à Nice, le roi lui faisait parvenir ses lettres, sous double enveloppe, par l'intermédiaire de « Monseigneur Martin » ou Mlle G..., femme de chambre de la baronne.

Les destinataires intermédiaires qui, bien entendu, connaissaient l'auteur de ces missives à l'aspect extérieur invariable, s'empressaient de les remettre sans les ouvrir à la baronne.

Cette dernière faisait parvenir ses lettres au roi par le truchement d'un valet de chambre de Sa Majesté, ne logeant pas au palais.

Le roi, qui écrivait toutes ses lettres lui-même, ne faisait naturellement pas exception à celles qu'il destinait à la baronne. Il libellait ses missives très souvent en présence de son valet de chambre, pour qui il a été, de la sorte, très facile de surprendre le secret des lettres amoureuses du roi, secret bien peu compromettant du reste, le souverain se bornant généralement à de très prudentes généralités, donnant des nouvelles de sa santé, parlant de travaux, de transformations en vue, le tout agrémenté de quelques appellations tendres et galantes, toujours les mêmes, à l'adresse de la baronne : « ma toute belle », « ma toute gracieuse », etc.

La baronne, dans ses lettres – que le roi laissait imprudemment traîner partout et jusque dans la capote de sa voiture –, se montrait toujours très affectueuse, appelant son amant « mon petit vieux chéri », lui assurant que sa « toute belle » avait été très sage, parlant beaucoup des enfants, et terminant généralement ses épîtres par le rappel d'une grosse échéance. Ces demandes d'argent dans les derniers mois se firent de plus en plus nombreuses, de plus en plus pressantes. Le jour de la mort du roi, il fut encore fait, de sa part, un versement d'environ cent mille francs au nom du capitaine M... (le commandant du palais de la baronne).

Lorsque la *reine* avait quelque chose à demander au souverain, elle lui faisait connaître, par lettre, l'objet de ses désirs. Le roi, qui y accédait toujours, transformait ce désir de la baronne en un ordre personnel, qu'il transmettait de sa main, et faisait parvenir pour exécution au baron Snoy.

Peu à peu, il se borna à apostiller pour confirmation les demandes de la baronne. Plus tard, il se contenta de les transmettre, sans plus, à Snoy, de sorte que c'était, en fin de compte, la baronne seule qui commandait, directement et sans contrôle, à tout le personnel du palais, par l'obligeant intermédiaire du noble seigneur Snoy.

Le roi quitta Nice fin avril 1908. Il revint à Bruxelles, puis s'installa aussitôt pour quelques jours à Ostende, avec tout son personnel et deux automobiles. Dès son arrivée à Ostende, les deux automobiles, sur l'ordre du monarque, se rendirent à Calais, où ne tarda pas à débarquer par la malle de Paris la baronne de Vaughan, accompagnée d'une femme de chambre, tout le personnel de la baronne étant resté à Nice sous la haute surveillance de son ami intime D... Ouvrons ici une parenthèse pour dire que D... profita de cette situation pour accumuler à Nice scandale sur scandale.

Il disposait des chevaux et des voitures automobiles en véritable maître et, abominablement ivre tous les jours, était la fable de toute la contrée.

Lorsque la baronne était présente, D... mettait un certain frein à son besoin d'orgie, mais il s'en donnait à cœur joie lorsqu'elle était absente. Du reste, un passé commun, fait de choses peu avouables, devait lier ces deux êtres, car comment expliquer autrement la façon brutale dont D... se permettait de traiter Mme de Vaughan, en présence des domestiques.

À Ostende, la baronne descendit au chalet royal, où le roi la reçut avec transport. Elle y logea et y coucha.

Les automobiles repartirent aussitôt pour Bruxelles. Le roi et la baronne quittèrent Ostende séparément pour Bruxelles. Le roi descendit à la gare du parc Royal de Laeken. Une automobile alla attendre la baronne au haut du Jardin botanique, à la porte de Schaerbeek, où la baronne arriva en fiacre.

L'automobile conduisit la baronne à Laeken, au pavillon des Palmiers, où elle logea et coucha trois jours et trois nuits.

C'était dans les tout premiers jours de mai. À une heure de l'après-midi, une automobile vint prendre la baronne. Un quart d'heure après, le roi prit place dans une seconde voiture. Les deux voitures se rencontrèrent aux Quatre Bras, route de Tervueren. Mme de Vaughan descendit de la sienne et vint prendre place aux côtés du roi. La seconde voiture suivit, avec la femme de chambre et les bagages.

Arrivés à Ciergnon, les deux amants examinèrent longuement les travaux en cours d'exécution. De nombreuses et importantes modifications furent arrêtées.

Le surlendemain, un dimanche, les deux autos conduisirent à Mézières la baronne, sa femme de chambre et ses bagages.

De là, Mme de Vaughan partit pour Paris, puis revint à Nice.

Le soir même, le roi s'embarquait pour Wiesbaden par train spécial.

CHAPITRE XX

La vie du roi à Wiesbaden

Le roi arriva à Wiesbaden un lundi matin.

Il s'installa à l'hôtel Wilhelmina avec un officier d'ordonnance et le Dr Thiriar.

À peine arrivé, il apprit, à son grand ennui, que Guillaume II et la famille impériale d'Allemagne se trouvaient précisément en villégiature dans un château des environs.

Immédiatement, le souverain, dont la garde-robe de voyage était, comme à l'ordinaire, des plus modestes, télégraphia à Bruxelles pour qu'on lui expédiât d'urgence ses décorations et ses uniformes allemands.

Mais l'empereur Guillaume II, lui aussi, avait appris l'arrivée de son royal cousin. Il vint le surprendre à l'hôtel où il était descendu et, connaissant la parcimonie de Léopold II, invita celui-ci à déjeuner au château impérial, se délectant d'avance au spectacle du roi, qui ne pouvait manquer de se trouver fort gêné dans ses uniformes étriqués, vieux de près d'un demi-siècle. Mais le roi ne disposait même pas de ces uniformes, qui n'étaient pas encore arrivés de Bruxelles. Il eut beau s'excuser, l'empereur Guillaume II insista et Léopold II fut forcé de s'exécuter.

Mais il n'avait pas non plus le moindre équipage disponible. Qu'à cela ne tienne ! Il y avait, à l'hôtel, une vieille carriole qui ferait bien l'affaire. On la nettoiera tant bien que mal. Un domestique de l'hôtel ferait l'office de valet de pied. Le roi endossa un costume redingote pas trop défraîchi, que, par bonheur, on trouva dans ses bagages, et ce fut dans cet équipage que le roi Léopold II s'en fut déjeuner au château de X... où villégiaturait la famille impériale d'Allemagne !

J'avais dû retourner à Bruxelles pour raison de service. À peine arrivé, je reçus du roi une lettre rédigée comme suit :

« Je vous préviens que vous devez revenir dans une huitaine de jours à Wiesbaden. Écrivez-moi à l'hôtel Wimelmina si vous connaissez quelque chose de bien, et si vous pourriez l'envoyer ici sur commande. Puis, vous m'apporterez le quatrième et le cinquième volume de Thiers, *Histoire du Consulat et de l'Empire,* que vous demanderez à la bibliothèque.

Renvoyez-moi la présente lettre après en avoir pris connaissance. »

Je me conformai scrupuleusement à cette dernière instruction, tout en faisant savoir à mon maître que je ne connaissais « rien de bien » pour le moment.

J'arrivai à Wiesbaden vers trois heures de l'après-midi. Je remis au roi le courrier qui m'avait été confié à Bruxelles. Puis, le souverain m'ordonna de m'habiller pour l'accompagner à la source, où, deux fois par jour, il allait prendre les eaux. Il devait, me dit-il, me montrer une des demoiselles préposées au service de la source, qu'il avait particulièrement remarquée.

Nous arrivâmes à la source vers quatre heures et demie.

Une autre serveuse ayant voulu prendre, pour le remplacer, le verre que le roi avait en main, celui-ci s'y refusa, faisant signe à la jeune fille convoitée de lui remplir son verre de Kochbrunnen.

Entretemps, il me demanda :

— *Qu'est-ce que tu en dis, le petit ?*

Je répondis naturellement en surenchérissant sur la description enthousiaste que le monarque venait de me faire lui-même, quelques instants auparavant.

Le roi – j'ai oublié de le dire – avait, sous un prétexte quelconque, tenu à l'écart, dans le jardin entourant le hall, l'officier d'ordonnance qui l'accompagnait.

Il m'ordonna d'épier la sortie de la personne en question et de tâcher de l'aborder. Je devais lui rendre compte le plus tôt possible du résultat de ma mission. Deux jours de suite, je surveillai la sortie de la serveuse. Mais elle était, chaque fois, attendue par un jeune homme, vraisemblablement son amoureux.

J'en fis part an roi.

Celui-ci, sans nul souci de faire le désespoir de cet amoureux dont je venais de lui révéler l'existence, me commanda de prier la belle jeune fille de lui apporter, à l'hôtel, vers huit heures du matin, un cruchon d'eau de source. Je devais l'attendre pour l'accompagner aux appartements de Sa Majesté. Mais je manquai le rendez-vous – auquel la serveuse s'était prêtée avec le plus aimable empressement – parce que, dans sa hâte à satisfaire l'auguste curiste, elle était arrivée à l'hôtel bien avant l'heure indiquée. Pendant que j'attendais moi, depuis une heure déjà, la venue de la charmante enfant, j'appris par le portier de l'hôtel que, depuis ce temps, elle était allée porter l'eau dans les appartements du roi, d'où on ne l'avait pas vue ressortir. Je sus, plus tard, qu'elle en était partie par une porte dérobée.

Je feignis de n'en rien savoir et j'entrai chez le roi, à qui je déclarai n'avoir pas trouvé la jeune fille au rendez-vous convenu :

— *Mais elle est déjà venue, me dit mon maître en riant. Comment as-tu donc fait ton compte ?*

Je me défendis de mon mieux, mais le roi m'interrompit en disant :

— *C'est qu'elle n'était pas mal du tout, cette petite : je l'ai bien regardée et même un peu caressée.*

Et en disant cela, le roi riait d'un air extrêmement satisfait.

Chaque matin, j'allais aux ordres du souverain, dont la première question était invariablement :

— *Eh bien ! Tu n'as encore rien trouvé, le petit ?*

Ma réponse ne pouvait être que négative : ce qui n'était déjà pas facile à Bruxelles devenait à peu près impossible à Wiesbaden. Mais le roi ne se contentait pas de pareille explication. « Je n'avais que cela à faire », me faisait-il observer, et je dus chercher jusqu'à complète réussite.

Enfin je trouvai l'objet des désirs du roi : c'était une barmaid du Bristol.

À son ordinaire, mon maître me posa au sujet de celle-ci une foule de questions auxquelles il me fallut répondre avec les détails les plus circonstanciés.

Je fus chargé de ménager un rendez-vous pour le lendemain matin à onze heures, à proximité du Kursaal.

Le lendemain, en arrivant aux ordres, le roi me commanda de lui procurer un landau de remise, ayant des rideaux aux fenêtres. C'était là à Wiesbaden chose inconnue. Je lui en fis la remarque, et le roi voulut bien se rendre aux raisons que je lui donnai.

Il me dit alors de retenir un landau au stationnement, pour deux heures de l'après-midi.

La belle fut exacte au rendez-vous fixé. Le roi se la fit présenter et se montra avec elle, dès l'abord, excessivement aimable. Léopold II, du reste, n'avait guère coutume de s'arrêter aux préliminaires... C'eût été, en l'occurrence, peine superflue. Il entraîna tout de suite la capiteuse enfant dans une allée, et alla s'asseoir avec elle sur un banc. Le monarque était, ce jour-là, d'une ardeur extraordinaire. Il pressait la jeune fille de manière plus qu'inconvenante, et je crois, Dieu me pardonne, qu'il eût, sans plus de façon, accompli le sacrifice à Éros sur ce banc de pierre, si je ne lui eusse fait remarquer l'imprudence de son audace.

Mon maître, très énervé, remit à plus tard l'assouvissement de sa passagère passion.

Il donna rendez-vous à sa conquête à deux heures, au Neroberg.

Le roi et la belle se mirent en route, suivis à distance par un agent de la police allemande déguisé en bourgeois. La présence non sollicitée de ce protecteur vexait fort le monarque.

Heureusement que le landau, qui attendait un peu plus loin, allait le délivrer de la présence de ce policier malencontreux.

Il est trop gros, il ne « saura » pas nous suivre, disait Léopold II en riant comme un enfant.

La promenade en landau fermé se prolongea jusqu'à cinq heures, dans les environs de Wiesbaden. Je vous laisse deviner si le roi s'en donna à cœur joie.

Le soir même, je retournai à Bruxelles, mais j'ai des motifs de croire que mon maître dut être satisfait de la conquête que j'avais faite en ses lieux et place, car j'appris par la suite que, deux jours après, le roi avait osé une nouvelle sortie en compagnie de la jolie barmaid.

Comme on le voit par ces détails, à mesure que le souverain approchait des dernières années de sa vie, son goût pour les femmes, qui fut toujours très vif, se transforma peu à peu en une véritable érotomanie, qui l'incita à des gestes dangereux à son âge.

Il en est mort !

CHAPITRE XXI

Dans les Ardennes

Le 11 juin 1908, le roi quitta Wiesbaden pour Paris, où il avait donné rendez-vous à Mme de Vaughan, qui l'attendait à l'hôtel Bristol. Pendant leur absence, des ordres avaient été envoyés à Laeken, en vue de l'installation du domaine de Ciergnon et de la tour des Rochers.

Ciergnon est un des plus beaux domaines dont s'enorgueillit, à l'heure actuelle, la Couronne de Belgique. Situé sur les hauteurs de la vallée de la Lesse, à quelques kilomètres de Rochefort, le château est resté à l'abri de la curiosité de tous les étrangers, qui n'ont jamais pu obtenir la permission de le visiter.

Ciergnon fut un des séjours favoris de Léopold Ier et de la première reine des Belges. Le prédécesseur de Léopold II y avait accumulé des objets d'art de la plus haute valeur. Il contient encore, entre autres curiosités archaïques, une inestimable collection de tapisseries anciennes dont plusieurs eurent pour auteur la propre femme de Léopold Ier.

Une partie du château a été réservée à une sorte de musée rétrospectif des moyens de transport et l'on y peut admirer une série de véhicules démodés: berlines, voitures, chaises à porteurs; documents précieux qui pourront servir un jour à l'histoire des antiques moyens de communication, dont usèrent nos pères.

On sait que la mère de Léopold II, la reine Marie-Louise, affectionnait particulièrement de séjourner à Ciergnon. C'est ce domaine historique, riche de tant de souvenirs, qui allait être offert à la baronne de Vaughan en tant que villégiature princière.

Provisoirement, le roi vint s'installer à la tour des Rochers, dans le domaine du château des Ardennes. Une distance de quinze kilomètres environ, à vol d'oiseau, sépare Ciergnon du château d'Ardenne. Ce domaine qui, jusque-là, avait été cédé à la compagnie des wagons-lits, fut repris à cette société après de nombreuses démarches, qui ne furent point sans difficulté. Le contrat fut résilié à la fin du mois de juin 1908, et le roi commença à faire faire au château d'importantes modifications, en vue de l'installation de sa favorite.

Le parc royal ardennais s'étend aux confins des hauteurs dominant les précipices de la vallée de la Lesse. C'est dans un de ces coins les plus pittoresques que s'élève la tour des Rochers, un édifice sans grand caractère architectural, bâti par le roi

Léopold Ier et comprenant trois étages : au rez-de-chaussée une chambre pour les domestiques, une salle à manger, un petit office ; au premier étage la chambre à coucher du roi, une salle de bains, un salon fumoir ; au deuxième, un logement pour l'officier de service et des installations sommaires pour le personnel.

À proximité avait été érigé un pavillon provisoire pour la suite du roi, et plus loin, aux confins du parc, un garage pour automobiles.

Indépendamment de la route publique, un chemin sinueux, traversant toutes les propriétés privées du roi, relie Ciergnon à la tour des Rochers. C'est ce chemin que Léopold II empruntait pour aller rejoindre Mme de Vaughan. Enfin, les autorités, désireuses d'être agréables au souverain, avaient fait établir un peu au-dessous de la tour des Rochers une gare spéciale dite « halte royale d'Ardenne », ouverte seulement l'été, et qui servait à la compagnie des voitures-lits pour le service de l'hôtel.

Au commencement du mois de juin 1908, les journaux locaux annoncèrent l'arrivée d'un train spécial. La rumeur se répandit dans le pays comme une traînée de poudre et bientôt, jusqu'à cinquante kilomètres à la ronde, tous les paysans, les propriétaires, les particuliers, étaient au courant de l'arrivée de la célèbre baronne de Vaughan, dont la gloire triomphale avait pénétré jusque dans ce coin perdu de la farouche Ardenne.

Dès que la date exacte de l'installation de Mme de Vaughan fut rendue publique, ce fut, sur tout le parcours du chemin de fer que devait suivre l'express, un branle-bas de combat général, une émotion, un enthousiasme qu'explique insuffisamment le complaisant loyalisme des sujets de Léopold II. Rien ne fut négligé pour ménager à la baronne de Vaughan un accueil inoubliable. On vit des chefs de gare faire l'acquisition de nouveaux uniformes, les bourgmestres composèrent en hâte des discours enflammés. Malheureusement, ce bel élan devait aboutir à la plus cruelle des désillusions. Le train spécial n'apportait que les bagages de Mme de Vaughan, et les fanfares municipales, massées sur les quais, n'acclamèrent que les malles de la toute-puissante favorite. Dans cet express se trouvait le capitaine, M..., commandant du palais et garde du corps de la baronne. Ce fut cet omnipotent personnage qui reçut la charge de tout préparer, en vue de l'arrivée de la favorite.

CHAPITRE XXII

La vie du roi à Ciergnon

Le 18 juin, le personnel du roi quitta Bruxelles à destination de la tour des Rochers ; les automobiles royales prirent les devants. En route, une rupture d'attelage se produisit dans les deux trucks qui transportaient ces voitures, qui restèrent lamentablement en panne à la gare Léopold à Bruxelles. Or, ces voitures devaient aller prendre, à Mézières, la baronne de Vaughan, et le baron Snoy ne soupçonna pas une seconde la disgrâce suspendue au-dessus de sa tête, au cas où la favorite ne trouverait pas à Mézières les deux véhicules attendus.

Le téléphone et le télégraphe furent mis en branle, et l'administration des chemins de fer de l'État belge, comprenant que les désirs d'une favorite royale équivalent à des ordres, au mépris de tous les règlements, attacha les deux trucks à la malle internationale. C'est ainsi que Mme de Vaughan ne souffrit d'aucun retard dans son voyage. Pendant ce temps, le roi se rendait en automobile à Ciergnon.

La vie du roi à la tour des Rochers était fort simple. Levé à six heures, et après la douche quotidienne prise dans les mêmes conditions qu'à Laeken, le souverain dépouillait son courrier, expédiait sa correspondance lui-même et déjeunait à huit heures du matin. À huit heures et demie, une de ses automobiles particulières venait le prendre et le conduisait à Ciergnon.

Dès son arrivée dans le domaine princier qu'il avait offert à « sa toute belle », le roi faisait régulièrement une promenade à cheval, en compagnie de Mme de Vaughan. Après cette excursion dans les belles allées du parc ou à travers les sites environnants, Léopold II retournait déjeuner à la Tour des Rochers. À deux heures, il était de retour auprès de sa maîtresse, et il demeurait auprès d'elle jusqu'à six heures et demie du soir.

Toutes les affaires diplomatiques concernant le gouvernement belge étaient transmises directement à Léopold II, au château de Ciergnon. Jamais il ne s'en occupa dans sa propriété personnelle. Mme deVaughan, qui lui donnait des conseils pour tous les actes de sa vie privée, s'intéressait aussi grandement aux choses de la vie publique, et tous les documents d'État lui passaient entre les mains, avant d'être remis aux ministres.

Léopold II dînait presque toujours en tête à tête avec la baronne. Toujours soucieuse de sauvegarder sa respectabilité, Mme deVaughan agissait à Ciergnon comme elle agissait à la villa Van der Borght, c'est-à-dire qu'elle n'acceptait jamais de recevoir Léopold II la nuit chez elle. Le souverain devait toujours coucher à la Tour des Rochers. Ce n'est que tout à fait à la fin du séjour à Ciergnon, que Léopold II arriva à enfreindre cet interdit formel de sa favorite.

Le roi des Belges est toujours passé pour un brillant cavalier. Il avait beaucoup de peine à se jucher sur les énormes chevaux qu'abritaient ses écuries, mais une fois en selle il était tout à fait à l'aise. Quand il arriva dans les Ardennes, il ne trouva qu'un seul cheval dans ses écuries. Un matin que Mme de Vaughan lui demandait de l'accompagner dans une excursion aux environs, on amena au souverain cet unique cheval, mais dès qu'il le vit, Léopold II s'écria, fortement courroucé:

— *« Il » ne montera pas à cheval aujourd'hui. « Il » ne veut pas.*

— *Mais, pourquoi? interrogea Mme de Vaughan.*

— *« Il » ne veut pas, répéta le roi avec obstination.*

La baronne tenta de vaincre cet extraordinaire entêtement, et alors, devant tout le personnel présent, Léopold II s'écria:

— *« Il » ne montera pas à cheval parce que ce cheval n'a pas de crins.*

Par le mot crins, le roi entendait la crinière, la crinière qui lui servait de protection supplémentaire contre les chutes ; il lui était arrivé, en effet, d'être plusieurs fois désarçonné, et il s'était rattrapé très souvent à ces crins protecteurs. Instruit par l'expérience, il ne voulut donc pas monter ce cheval à la crinière courte et il se fit envoyer de Bruxelles un double poney arabe, doté d'une opulente crinière. Dès lors, le roi ne recula plus à accompagner Mme de Vaughan. Un jour que celle-ci était sortie avec ses enfants, en tonneau qu'elle conduisait elle-même, elle vit arriver, dans l'allée forestière, son royal amant chevauchant son poney arabe. Dès que le roi vit s'avancer vers lui la voiture de sa favorite, comme un collégien dont ce serait la première sortie équestre, il se mit à faire caracoler sa bête.

L'aîné des bébés aperçut le souverain qu'il avait l'habitude d'appeler « Colas » : « Saint-Nicolas ». Trépignant d'enthousiasme, il se pendit au bras de sa mère en s'écriant :

— *Maman, maman, voilà « Colas », regarde comme il est beau !*

Et la baronne de répondre :

— *Oui, oui, « Colas » à force de faire le beau, et de « crâner », va tomber par terre.*

Cette sinistre prédiction faillit se réaliser, mais, par un prodige d'équilibre, le roi parvint à conserver son assiette.

CHAPITRE XXIII

Attitude du roi envers ses enfants

Contrairement à tout ce qui a été écrit dans la presse, le roi des Belges se montrait affectueux avec ses enfants, mais sans aucune espèce d'ostentation. Il arrivait toujours auprès d'eux les poches bourrées de joujoux et de bonbons. Il passait de longues heures en leur compagnie, s'occupant à les distraire et à les amuser. Mais, devant le personnel, il prenait le plus grand soin de ne jamais faire montre de familiarité envers les bébés royaux, surtout envers le petit duc de Tervueren, l'aîné des garçonnets, qu'il appelait toujours « Monsieur ». Par contre, l'enfant ne lui adressait jamais la parole autrement qu'en le désignant sous le nom de « Colas ». Jamais ce protocole, établi par Mme de Vaughan, ne fut enfreint et, même dans les heures d'intimité, quand le souverain se trouvait en tête à tête avec sa maîtresse et ses enfants, il ne se laissait aller à aucune manifestation compromettante de sentiment paternel.

Le dimanche, la baronne avec sa famille allait entendre la messe à Villers-sur-Lesse. Le roi, de son côté, allait à la messe à Ciergnon. Comme on peut l'imaginer, l'approvisionnement des deux maisons royales ne se faisait pas sans difficulté, le baron Snoy avait pris la haute direction de ce service et faisait transporter chaque matin les victuailles arrivées de Bruxelles au château de Ciergnon par un camion automobile. Les cuisiniers de Mme de Vaughan faisaient dans cet arrivage le plus large choix, et la tour des Rochers ne recevait que très tard, dans la matinée, les vivres expédiés de Bruxelles. Plusieurs fois le déjeuner fut en retard, mais le roi ne réclamait pas, du moment que le service était assuré pour la baronne.

Mme de Vaughan étant fort gourmande et ayant voué un culte spécial aux brioches, le souverain, qui s'attachait à satisfaire les plus petits désirs de sa favorite, avait ordonné à son cuisinier de confectionner, chaque matin, lesdites brioches. Il les faisait porter à Ciergnon par un petit groom, en chemin de fer, et celui-ci, pendant plusieurs mois, s'acquitta religieusement de cette mission spéciale.

Dans la seconde moitié de juillet 1908, le roi fut rappelé à Bruxelles par les nécessités de sa charge. C'était l'époque des fêtes nationales, réjouissances publiques qui furent toujours une corvée pour le roi des Belges. Aussitôt ces fêtes terminées, le roi s'empressa de quitter sa capitale et revint s'installer au chalet d'Ostende.

Mme de Vaughan l'y rejoignit bientôt, accompagnée du petit duc de Tervueren. Elle avait laissé son dernier né à Ciergnon, aux bons soins du commandant du palais.

Mme de Vaughan logeait à la villa Caroline. Cette villa Caroline est reliée au chalet d'Ostende par un souterrain qui a défrayé la chronique scandaleuse de la presse mondiale. C'est par cette voie dérobée que Léopold II se rendait chaque soir et chaque matin chez sa favorite.

Le roi, à Ostende, prenait les précautions les plus extraordinaires pour laisser ignorer ses visites nocturnes. C'est ainsi que, pour ne pas éveiller l'attention du personnel – ruse bien inutile – le roi avait soin d'enlever ses bottines avant de pénétrer dans le souterrain. Il fut aperçu un soir, chaussures en main, enveloppé dans une grande houppelande, par son groom qui le croisa dans le tunnel. Le roi se figurait qu'ainsi on ne l'entendait pas, du rez-de-chaussée, quitter sa chambre à coucher située au premier étage.

Le roi s'accommodait de cette posture ridicule et fort nuisible à son prestige, comme il supportait sans se plaindre les humiliations que lui infligeait sa maîtresse.

Mme de Vaughan manifesta bientôt son désir de passer joyeusement la saison à Ostende. Elle ne tarda pas à inviter à la villa Caroline ses anciens amis, habitués des fêtes de la villa Van der Borght. Mme X..., son fameux professeur de piano, et M. X..., qui étaient reçus dans l'intimité de la favorite, étaient les commensaux les plus habituels de ces brillantes soirées. Celles-ci se prolongeaient parfois jusqu'à deux heures du matin, et le bruit des agapes nocturnes parvint rapidement jusqu'au roi. Mme de Vaughan lui fit clairement entendre qu'il ne pouvait pas, sans déchoir, y prendre part ; aussi accepta-t-il bientôt d'y assister de loin, derrière les rideaux de la galerie vitrée, longeant le chalet royal, du côté de la rue de Paris. Il resta là bien souvent, caché derrière un brise-bise, prenant plaisir aux amusements de la baronne et trouvant tout naturel l'ostracisme extraordinaire, dont celle-ci le frappait.

Du reste la baronne de Vaughan semblait, à ce moment, ne plus vouloir tenir aucun compte de l'opinion publique ; toutes fenêtres ouvertes, le bruit des fêtes de la villa Caroline arrivait jusqu'aux passants de la rue, et ceux-ci, souvent attroupés, purent apercevoir les amies de la favorite, et la favorite elle-même, passer dans l'écran des croisées, parées des décolletés les plus suggestifs.

Il est inutile de dire qu'à Ostende, Mme de Vaughan n'était pas populaire. Il arriva, bien souvent, que la foule sifflât sur le passage de l'automobile royale. Un incident très caractéristique démontre jusqu'à quel point les Ostendais méprisaient la maîtresse du roi : un jour que celle-ci était allée conduire le petit duc de Tervueren dans une librairie, le public amassé devant l'automobile et croyant que celle-ci conduisait le roi ne tarda pas à rendre impossible le départ de la voiture. La police prévenue accourut en hâte, chargea la foule et débloqua la limousine ; mais quand les passants virent qu'il s'agissait de Mme de Vaughan, une immense clameur emplit la rue, les huées éclatèrent et le brigadier de service laissa échapper ces paroles mémorables :

— *Ah ! Si j'avais su que ce n'était que « ça », je ne me serais pas donné tant de peine.*

Désormais, Mme de Vaughan s'affichait ouvertement avec son royal amant, on pouvait les voir tous les deux sur la jetée d'Ostende, aux courses, où elle paraissait en présence du roi, au pesage de l'hippodrome Wellington... Ces excursions sensationnelles se faisaient en voiture attelée à la Daumont pour le roi, et en automobile pour la baronne.

Léopold II, qui avait supporté sans patience la présence de Mme X... auprès de sa favorite, ne tarda pas à prendre cette personne complètement en grippe. À la suite d'une scène très orageuse au cours de laquelle le souverain fit lui-même des reproches à la maîtresse de piano – reproches sur le caractère desquels nous ne pouvons insister –, il la mit brutalement à la porte. Puis, dans un bel accès d'indépendance, il fit comprendre à Mme de Vaughan que le séjour à la mer ne lui était décidément pas favorable, et il lui ordonna crûment de revenir à Ciergnon.

Mme de Vaughan, qui préférait de beaucoup la vie joyeuse d'Ostende à celle qu'elle menait dans la thébaïde des Ardennes, résista au désir de Léopold II, et malgré toutes les menaces du roi, elle n'en fit qu'à sa tête. Mais une fois Mme X... éloignée par la volonté formelle du souverain, celui-ci put accéder beaucoup plus librement à la villa Caroline. Il y venait coucher chaque soir et, par une amusante manie qui mérite d'être rapportée, il y faisait, avant son arrivée, porter son oreiller.

Toutefois, après un court séjour au château de Ciergnon durant lequel le roi obtint de loger définitivement dans le domaine qu'il venait d'offrir à sa favorite, il fut décidé que les deux amants réintégreraient Bruxelles ; c'est ainsi que le 20 septembre, ils rentrèrent tous les deux, l'une à la villa Van der Borght et l'autre à la villa des Palmiers.

CHAPITRE XXIV

Le roi et le grenadier

Mme X..., en accaparant la baronne à Ostende, rendait à son amie un bien mauvais service. Étant en froid avec sa maîtresse, le souverain fit de fréquents voyages à Bruxelles et en profita pour donner de nombreux coups de canif dans le contrat. Chaque fois, j'étais prévenu des déplacements du roi et, comme de coutume, il me confiait la mission délicate de lui trouver une âme sœur susceptible de charmer ses loisirs.

J'eus la première fois la main heureuse. La jeune personne que j'avais découverte combla tous les désirs du souverain ; c'était une jeune fille d'une vingtaine d'années tout à fait dans ses goûts. Je dirai tout de suite que cette liaison princière ne porta pas plus bonheur à la petite que le caprice du monarque n'avait porté bonheur aux deux jeunes filles parisiennes dont j'ai parlé plus haut. J'ai retrouvé dernièrement la pauvre fille dans le bataillon des figurantes de l'Olympia de Bruxelles.

La personne en question arrivait généralement aux Palmiers vers deux heures de l'après-midi, et le roi dînait avec elle. J'étais admis à l'honneur de les servir et, comme il en avait coutume, le souverain prenait toutes sortes de précautions pour laisser ignorer la présence à sa table d'une personne étrangère. Il me recommandait de laver moi-même les assiettes, ce que je me suis toujours gardé de faire, car nul dans l'entourage du roi n'ignorait ses frasques amoureuses.

Un soir, après le dîner, le roi sortit du pavillon des Palmiers en compagnie de la jeune fille ; leur promenade sentimentale les conduisit à un banc rustique, situé à quelque deux cents mètres du pavillon. La conversation des deux amoureux, fort intéressante sans doute, se prolongea de telle façon qu'ils laissèrent passer l'heure de la fermeture des portes du château. Il fallait rentrer cependant. Or, chaque matin, l'officier d'ordonnance envoyait au roi, sous pli cacheté, le mot d'ordre de la garde du palais. Ce mot de passe était transmis directement à la garde du château de Laeken, par les soins d'un officier de la place de Bruxelles. Ce soir-là le roi était porteur du véritable mot de passe, mais l'officier de Bruxelles s'était trompé et avait envoyé une autre consigne au poste de Laeken.

Le roi, en arrivant à l'entrée du palais, se vit donc arrêté par le grenadier de service qui, conformément au règlement, lui demanda le mot d'ordre. Le roi le donna, mais le brave soldat constatant qu'il n'était pas du tout semblable à celui dont il se trouvait porteur refusa de laisser passer le souverain.

Celui-ci, toujours accompagné de sa conquête, insista. Peine perdue. Il suggéra alors à la sentinelle de s'adresser à un camarade et d'aller trouver l'officier de garde, mais la sentinelle ne pouvait abandonner son poste et, esclave de son devoir, se souvenant peut-être de l'anecdote du « Petit Caporal », elle refusa l'entrée au monarque.

Le roi dut ainsi attendre devant l'entrée de son pavillon le passage de la ronde venant relever la sentinelle. Il resta une bonne heure sous la bise nocturne à se promener de long en large au bras de son amie d'un jour. L'officier qui commandait la ronde, ayant reconnu son maître, s'empressa de réparer la gaffe de son camarade de la place de Bruxelles. Toutefois ce malheureux officier paya chèrement son erreur ; après que le roi eut envoyé au général-gouverneur un rapport de sa main sur l'incident, le capitaine fut déplacé.

CHAPITRE XXV

Le roi et la baronne à Paris

La vie de famille dans les Ardennes avait admirablement profité à la plantureuse baronne. Elle engraissait visiblement, et dès son installation à la villa Van der Borght, elle constata avec peine qu'elle avait gagné un embonpoint inquiétant. Elle résolut immédiatement de suivre un régime destiné à lui faire retrouver sa sveltesse. Le capitaine M... fut chargé de trouver le spécialiste qui aurait l'honneur de diriger le traitement de la favorite du roi.

Mme de Vaughan se rendit donc dans un établissement de Bruxelles où elle commença une cure sérieuse, cure agrémentée de nombreuses soirées à la villa Van der Borght. Mais ni les fêtes ni les traitements médicaux ne lui donnèrent satisfaction.

Elle décida donc de se rendre à Paris sous prétexte de chercher un médecin habile, mais en réalité pour y retrouver son chevalier servant, D..., qu'elle ne pouvait plus voir que fort rarement, et qui avait été exilé de Bruxelles par la jalousie enfin éveillée de Léopold II, à la suite de ses frasques avec la police.

En octobre, le baron Snoy dénicha pour le couple royal – car le roi ne pouvait faire autrement que de suivre « sa toute belle » – un petit appartement meublé, situé avenue Kléber. Un service personnel fut assuré par une cuisinière, un valet de chambre, une femme de chambre. Les automobiles de la cour furent remisées au garage « Excelsior ». Les enfants de la baronne restèrent à Laeken.

Léopold II ne fit toutefois ce déplacement qu'en s'entourant d'extraordinaires précautions. Il chercha à dépister la malignité en éveil des reporters et la malveillance de l'opinion publique. Il annonça qu'il partait dans les Ardennes et il se rendit d'abord à Luxembourg, dans sa berline, et ensuite de Luxembourg à Longwy.

À la douane de ce pays, un incident amusant se produisit. Les douaniers ayant voulu à toute force pénétrer dans le compartiment, le domestique particulier du roi essaya de faire comprendre aux braves agents que l'on ne pouvait ainsi impunément troubler le sommeil d'un roi ; mais comme ceux-ci insistaient, le valet de chambre ne dédaigna pas se battre avec les douaniers, en défendant, farouchement l'accès du wagon princier à la force de ses poings. Un fonctionnaire arriva enfin et tout s'expliqua. À Mézières, le roi prit le rapide jusqu'à Reims et de là un train l'amena à Lagny.

Son automobile qui l'attendait dans cette ville le conduisit jusqu'à Paris et il descendit le soir même avenue Kléber.

Dans ce nid qui abrita pendant quelques semaines ses amours, Léopold II mena l'existence la plus quiète et la plus familiale. C'est dans cet appartement que, chaque matin, l'officier d'ordonnance venait aux ordres. Il était reçu dans le minuscule salon en présence de la baronne qui lui dictait elle-même les ordres importants.

Cependant, Mme de Vaughan profite de sa présence à Paris pour faire tous les achats occasionnés par l'installation de Balincourt. Sachant que Léopold II est soumis à tous ses caprices, elle ne regarde pas aux dépenses les plus folles. C'est ainsi qu'un jour elle paya, entre autres, une garniture de salon quatre-vingt mille francs. Elle avait pourtant, cette fois-là, dépassé les bornes. Une scène violente éclata entre les deux amoureux tout comme dans un intérieur bourgeois où le mari se trouve en présence d'une facture un peu trop élevée de sa dépensière épouse.

La brouille fut sérieuse, et le roi en profita pour excursionner seul, ou en compagnie de son officier d'ordonnance, à Versailles, à Fontainebleau, à Chantilly.

Mme de Vaughan usa de son côté de la liberté qu'elle avait su conquérir. On la vit, alors, tous les soirs au théâtre, et très souvent en compagnie de D..., auquel elle donnait des rendez-vous clandestins et renouvelés.

Continuant son voyage solitaire, Léopold II regagna Bruxelles, et y resta quelques jours. Puis il partit pour le Cap Ferrat et il descendit à Monte-Carlo en compagnie du baron Goffinet. Mais cette rupture momentanée avait exaspéré sa passion, et brusquement, il revint un beau matin sans crier gare à l'appartement de l'avenue Kléber. Bientôt, arriva avenue Kléber, un officier du génie de l'armée belge, qu'il présenta à la favorite. C'est cet officier qu'il a décidé de charger de surveiller tous les travaux en cours d'exécution à Balincourt. Du coup la réconciliation fut complète.

Le même jour l'officier du génie partit en automobile pour Balincourt et rapporta, le soir, à la favorite, un rapport détaillé sur son inspection.

CHAPITRE XXVI

Le scandale de la rue des Fripiers

On a beaucoup parlé dans le public d'une aventure galante que le roi des Belges aurait eue avec une jeune fille appartenant à la bonne bourgeoisie commerciale de Bruxelles. La réputation de la jeune fille en question est sortie assez éclaboussée par l'aventure : ce fut une grande injustice, car moi qui suis au courant de tous les dessous de ce scandale, je puis affirmer haut et fort que la conduite de cette personne fut en tous points inattaquable. Le roi seul fut coupable et sa faute fut d'autant plus grande qu'après avoir, par ses démarches, terni l'honneur de la jeune fille en question, il lui refusa la réparation qu'elle sollicitait et à laquelle elle pouvait justement prétendre.

Au commencement de février 1909, la veille de son départ pour la Côte d'Azur, le roi, en compagnie de quelques autres dignitaires de la Cour, assista au bal du commerce organisé par la *Grande Harmonie.*

La *Grande Harmonie* est l'une des plus anciennes sociétés de Bruxelles. Elle comprend parmi ses membres l'élite de la bourgeoisie de la capitale.

Depuis 1830, les souverains belges n'ont jamais cessé de participer directement aux fêtes de ce puissant et influent organisme belge.

Le bal du commerce fut cette année-là un événement, toutes les sommités de l'industrie, du commerce bruxellois s'y trouvant rassemblées et représentées. Le lendemain de cette fête mémorable, le roi me fit appeler vers neuf heures du matin et me dit textuellement :

— *Vois-tu, le petit, « Il » a été hier soir à une fête et c'était très joli. « Il » a remarqué plusieurs demoiselles fort bien, une surtout qui représentait le commerce des diamants. « Il » connaît le nom de toutes les autres jeunes filles ayant représenté les industries nationales, mais « Il » ignore le nom de celle qui illustrait le commerce des diamants.*

Il me pria donc de rechercher le nom de cette jeune personne. J'appris bien vite que le frère de celle-ci se trouvait à la tête d'un magasin de bijouterie dans le bas de la ville ; elle répondait au nom de Melle L...

Dès qu'il fut en possession de l'état civil de la jolie personne, le souverain me pria d'aller trouver directement Mlle L..., de lui dire que j'avais beaucoup entendu parler d'elle par le roi et que celui-ci l'avait fort remarquée.

Comme le roi partait le soir même pour Nice, il m'ordonna de lui faire parvenir par écrit à la villa Passable les nouvelles intéressantes au sujet de ma mission spéciale.

La démarche dont mon maître m'avait chargé ne me plaisait nullement, aussi mis-je une mauvaise volonté manifeste à l'accomplir. Mais Léopold II ne l'entendait pas de cette oreille et huit jours n'étaient pas écoulés que je reçus une lettre de Passable, par l'intermédiaire d'un de mes camarades de service, dans laquelle le souverain me demandait d'urgence de lui faire connaître le résultat de mes démarches.

Je me résolus donc à faire une visite à Melle L.. Celle-ci me répondit qu'elle était très flattée de la délicate attention du roi et que le souverain était trop bon d'avoir bien voulu s'intéresser à sa personne. Ce résultat était mince, mais je m'empressai néanmoins de le faire connaître à mon maître. Je reçus par courrier une lettre signée de la main du roi et deux jours après je retournai porter à Melle L... un album dont il était fait mention dans le billet du souverain.

Je me risquai à proposer à la jeune fille de rejoindre Léopold II à la Côte d'Azur. Bien mal m'en prit, car Melle L... brusquement et justement effarouchée me rendit l'album en se refusant à entendre toute autre proposition.

Par dépêche, je fis connaître au roi le résultat négatif de ma mission. J'ai su, depuis, qu'il fut extrêmement vexé de cet échec, il comptait si bien ajouter Melle L... à sa collection féminine, qu'il avait retenu à Menton des appartements luxueusement meublés dans lesquels il se proposait de filer le parfait amour en compagnie de la jolie représentante du commerce de diamants.

Quelques jours après le retour du roi à Laeken, la *Grande Harmonie* devait, à la demande expresse du souverain, procéder, dans les serres de Laeken, à une répétition du fameux bal du Commerce. Le monarque avait pris ce prétexte pour tenter de revoir la jeune fille dont il était fortement entiché.

Il me recommanda de la suivre pas à pas au cours de la fête, et de noter toutes les paroles que je pourrais entendre dans le public au sujet de son attitude en cette occasion.

Les membres de la *Grande Harmonie* arrivèrent à trois heures, ils furent reçus par le roi qui les conduisit à la grande rotonde, tout en dévisageant avec une insistance gênante les dames présentes. Léopold II trouva le moyen d'adresser à plusieurs reprises la parole à Melle L.. et mit une telle insistance à se rapprocher de celle-ci, que les membres du comité et toutes les personnes présentes remarquèrent cette insistance. Mais Léopold II, qui s'était mis dans la tête d'avoir Mlle L..., poursuivait opiniâtrement le but qu'il s'était fixé.

Une semaine ne s'était pas écoulée qu'il donnait dans les serres de Laeken une *garden-party* dans laquelle figurait naturellement la trop séduisante Melle L… Le monarque ne quitta pas la jeune fille, lui faisant les honneurs de l'après-midi et, le soir même, la légende était accréditée, selon laquelle Melle L… était la maîtresse du roi. Cette légende se propagea rapidement, on la grossit à souhait, les détails les plus extraordinaires et les plus faux circulèrent dans le public bruxellois, certains journaux s'emparèrent de la nouvelle et cette liaison prétendue appartint bien vite à l'histoire.

Léopold II ne fut pas sans savoir les propos qui couraient dans Bruxelles au sujet de sa conduite. Il me fit mander, un jour, et me pria de lui exposer en détail les principaux reproches formulés contre lui. Je lui dis que les bruits en question avaient été répandus par les membres de la *Grande Harmonie,* très froissés d'avoir été invités dans un milieu bourgeois, car le souverain, pour avoir l'occasion de recevoir Mlle L..., avait multiplié les invitations dans le monde de la bourgeoisie.

Les calomnies continuèrent leur œuvre, tout Bruxelles s'intéressa à l'incident, et Melle L…, perdue de réputation, encore que parfaitement innocente, eut recours à un moyen désespéré pour se disculper au regard de l'opinion publique. Elle m'écrivit pour me demander de remettre au roi une lettre jointe à sa missive et dans laquelle elle suppliait le souverain de mettre un terme à son martyr.

Léopold II réfléchit, puis il me rendit la lettre, sans l'ouvrir, en m'ordonnant de la renvoyer à la demoiselle, sous ce prétexte extraordinaire que je n'avais pas qualité pour remettre des lettres à Sa Majesté ; raison spécieuse, car Melle L… ne put certainement s'empêcher de penser que si j'avais bien eu qualité pour lui transmettre les propositions déplacées du roi, je devais sans doute être également bien placé pour lui faire parvenir sa juste réclamation.

Le scandale persista donc et, à l'heure actuelle, Léopold II n'ayant rien voulu faire pour sauver la malheureuse enfant sur laquelle s'était posé son désir sénile, il reste avéré dans toute la société bourgeoise bruxelloise et dans le grand public que Melle L... a été la maîtresse du souverain.

C'est ainsi que se créent les légendes, et Melle L... portera toute sa vie la faute d'avoir été jolie, et remarquée par le souverain belge.

CHAPITRE XXVII

Nice 1909

De novembre 1908, au commencement de février 1909, le roi et la baronne résidèrent en Belgique. À ce moment s'opéra dans leur existence un changement total. Le souverain multiplia les réceptions et les bals officiels.

L'époque des grandes réceptions diplomatiques terminée, le roi se décida à séjourner à Nice. Il s'y rendit avec un personnel très restreint et une seule automobile, par raison d'économie. Par contre, la baronne de Vaughan se fit accompagner par toute sa suite, qui se compose maintenant d'une vingtaine de personnes.

L'architecte Massiah s'occupait à ce moment à Nice de la mise en état des villas du roi et de la baronne. Les deux amants partirent ensemble pour la Côte d'Azur, via Paris, avec les deux enfants royaux.

Depuis quelque temps, Léopold II manifestait le désir d'acquérir, dans le Midi, une grande propriété foncière. Les tendances qu'il accusait, notamment à propos de Balincourt, se retrouvent dans tous ses achats de la Côte d'Azur. Il commença d'abord par acheter une petite propriété, la villa Passable. Il agrandit ce domaine par l'acquisition successive de vastes terrains et de propriétés voisines. Il fit bâtir le Cazin, superbe villa luxueusement meublée, au salon d'une richesse inouïe. C'est là qu'il recevait ses hôtes de marque.

Le Cazin était séparé de Passable par un chemin communal, au-dessus duquel le roi avait fait jeter un pont rustique, reliant les deux propriétés. Un parc immense les bordait, tout planté de palmiers et de plantes exotiques.

La propriété du roi était située au bord de la mer, il avait même fait creuser, tout exprès pour lui, un port avec débarcadère, où était ancré son yacht ; en vue de l'installation de Mme de Vaughan, il avait acquis également la villa Pallonais ainsi appelée du nom de son ancien propriétaire, un maire de Saint-Jean (Cap Ferrat). Il la débaptisa pour la donner plus poétiquement villa des Cèdres.

Pour se rendre de Passable aux Cèdres, Léopold II suivait à l'intérieur de la propriété un chemin en zigzag qui serpentait dans le parc de la villa de la baronne. Ce chemin était éclairé le soir par un cordon de lampes électriques, dont le roi ne se servit que pendant l'accouchement de la baronne, pour redescendre coucher à bord de *L'Alberta :*

plus tard, un domestique le précédait, portant une lanterne.

Léopold II possédait encore presque tous les terrains de la côte sur le Cap Ferrat situés en bordure de la mer. Il avait fait faire tout le long de la plage, en contrebas de la falaise, un chemin pour son usage exclusif; il affectionnait beaucoup cette promenade, du reste unique au monde. La route était achevée déjà sur une distance de plusieurs kilomètres, et avait coûté plus de trois cent mille francs lorsque le roi mourut.

En bordure du parc, vers la pointe du cap, Léopold II avait fait ériger par l'architecte Massiah plusieurs villas pour faire des sanatoria destinés à servir de séjour de convalescence aux agents du Congo, revenus en France pour raison de santé.

Au nord de la rade de Villefranche, sur le boulevard Léopold II, le souverain possédait encore deux magnifiques propriétés, la villa Saint-Second et la villa Col-de-Caire. Elles étaient reliées entre elles par un pont jeté au-dessus de la route; pour masquer ce pont, le roi avait fait bâtir une tour imitant des arènes; les montreurs de curiosités du pays expliquaient cyniquement aux étrangers que ce monument historique datait du XXIIe siècle!

À Antibes, le roi avait un domaine qu'il ne visitait jamais. Cette manie particulière qui le poussait à acquérir toujours de nouveaux terrains lui causait, du reste, de nombreux ennuis avec les propriétaires fonciers du pays.

Le préfet ayant rendu visite à Léopold II, au sujet d'un tracé que la municipalité de Villefranche se proposait de faire en vue d'une route longeant les propriétés royales, fut fort mal reçu par le roi des Belges. Celui-ci lui battit froid jusqu'au jour où le gouvernement français, ayant décidé de donner satisfaction à Léopold II, abandonna tout projet susceptible de contrarier le roi des Belges.

M. Massiah, qui s'occupa de toutes les constructions du souverain, était un petit architecte de Nice parfaitement inconnu. La confiance du roi des Belges, et surtout la bienveillance de la baronne de Vaughan, fit de lui très rapidement un personnage de grande importance. Les habitants du pays suivaient avec curiosité les progrès de sa carrière.

Il se rendit d'abord au pavillon des Cèdres à pied, puis il acquit une bicyclette, puis une voiture attelée, puis une automobile. À la mort de Léopold II, M. Massiah possédait plus de limousines que le roi des Belges lui-même.

À la Côte d'Azur, le roi se levait de très bonne heure, il couchait chez la baronne de Vaughan à la villa des Cèdres. Son valet de chambre l'éveillait à cinq heures et demie. Aussitôt, le souverain descendait à pied jusqu'à Passable, il y prenait sa douche et son petit déjeuner. Puis il travaillait avec son officier d'ordonnance et après, il remontait prendre des nouvelles de la baronne.

À dix heures, le monarque partait pour Nice où il suivait une cure électrique ; l'après-midi, il effectuait avec Mme de Vaughan plusieurs promenades en automobile ; à six heures du soir, il prenait connaissance de son courrier à Passable, travaillait jusqu'au dîner, dînait puis rentrait passer la nuit à la villa des Cèdres.

Comme il ne possédait qu'une seule automobile et que le chemin entre Passable et Les Cèdres était très mauvais, il effectuait dans les derniers temps le parcours à pied, de crainte de voir son automobile indisponible et son chauffeur lui présenter des notes de réparation trop élevées.

Mme de Vaughan, sacrifiant à une nouvelle mode thérapeutique, se rendait le matin à Nice où elle allait prendre des bains de lumière dans le même établissement que le roi. Ces bains de lumière étaient destinés à lutter contre l'embonpoint toujours croissant de la favorite.

Le roi des Belges assista à Nice, toujours officiellement, à toutes les réceptions diplomatiques données par le gouvernement français. Il avait accepté la présidence d'honneur du Comité des fêtes de Nice. Le préfet des Alpes-Maritimes, dont il faut louer le tact, trouva toujours le moyen de tourner avec doigté la situation scabreuse en rendant à Mme de Vaughan les honneurs que le roi sollicitait pour elle.

Léopold II, qui s'amusait beaucoup à Nice, ne dédaigna pas de se mêler au cortège de la rue ; le soir de l'arrivée de Carnaval, il se promena en compagnie du préfet, escorté de la police. Plusieurs jolies filles l'ayant reconnu lui lancèrent des confettis : le préfet voulut les faire éloigner, le roi s'y opposa et répondit :

— *Laissez-les, cela « Le » rajeunit de trente ans (sic).*

Et plusieurs jolies filles se permirent de l'embrasser.

Mme de Vaughan prit part comme concurrente aux deux « corsos » fleuris en compagnie de son capitaine retraité, M. M..., de ses deux enfants et de la gouvernante de ceux-ci. Il est inutile de dire que le Comité ne commit point la maladresse de lui refuser le prix d'honneur. Elle remporta chaque fois, et haut la main, cette distinction flatteuse.

À l'Opéra, Léopold II s'affichait ouvertement en compagnie de Mme de Vaughan. En sa compagnie également, il prit part au Veglione du Casino municipal qu'il ne quitta que vers quatre heures du matin le jour de la Mi-Carême.

Il n'est pas inutile de remarquer ici que, dans tous ses déplacements, le souverain se servit toujours de sa propre automobile, ce qui accentuait encore le caractère officiel de sa présence. À l'intérieur de cette limousine se trouvait la pimpante baronne de Vaughan, qui recevait d'un air de reine les hommages des fonctionnaires de la ville et des personnages officiels.

Le gouvernement français – la République ne saurait évidemment trop faire pour les rois – veillait avec un soin jaloux à la sécurité du souverain belge. C'est ainsi que le préfet des Alpes-Maritimes fit comprendre au roi qu'il serait utile de remplacer son valet de pied par un commissaire spécial de la Sûreté générale. Ce fonctionnaire, obéissant aux ordres qui lui venaient de Paris, dut prendre place à côté du chauffeur sur l'automobile royale.

Du reste, on ne ménagea pas à Léopold II de petites attentions. L'amiral de Jonquières, commandant de l'escadre en rade de Villefranche, fit descendre à terre la compagnie de débarquement et demanda au roi de lui faire l'honneur de la passer en revue. Le souverain accepta de bonne grâce et défila devant nos marsouins toujours en compagnie de Mme de Vaughan qui prit sa part de l'hymne national belge joué par les marins à l'intention du roi.

Après les fêtes données en l'honneur du Président de la République, il y eut encore sur la promenade des Anglais un défilé de troupes. Le roi y assista d'un balcon retenu à l'avance, auquel balcon s'accoudait la favorite entourée de ses enfants.

CHAPITRE XXVIII

Le salon secret

Mme de Vaughan devenait de plus en plus tyrannique et capricieuse, toutes ses fantaisies exaucées avaient exaspéré sa soif de domination. Il existait un protocole très sévèrement établi par ses soins qui régissait les visites du roi à Passable. Chaque fois que Léopold II arrivait avant l'heure fixée, elle ne ménageait pas ses reproches au souverain.

Un soir, en arrivant aux Cèdres, à huit heures, le roi trouva la baronne à table avec ses deux enfants. Le plus jeune s'étant mis à pleurer, il se permit de sermonner le petit garçon.

Mme de Vaughan, devant deux domestiques présents, se redressa furieuse en disant à son amant :

— *Taisez-vous, vous n'êtes qu'un imbécile, laissez cet enfant. Et puis que venez-vous faire ici ?*

Le roi se leva et répondit :

— *C'est bon, c'est bon, « Il » va au salon vous attendre.*

Cet incident se renouvelait presque journellement et il serait oiseux de rappeler ici les nombreuses scènes qui affirment toute l'emprise que Mme de

Vaughan avait su prendre sur son amant. Elle ne lui ménageait ni les scènes ni les reproches. Cette façon d'agir était connue de tout l'entourage de Léopold II et de tout son personnel.

Fin mars, arriva à la Côte d'Azur, mandaté spécialement par le roi, le ministre des Colonies belges, M. Renkin. Celui-ci s'installa à Passable dans un appartement voisin de celui de l'officier de service. Le roi fit visiter en détail au ministre des Colonies toutes ces propriétés qui figurent à l'actif du domaine de la Couronne : il lui en fit personnellement les honneurs. Cependant, fait très intéressant et sur lequel on pourra émettre des réflexions curieuses, il tint obstinément fermés aux yeux du ministre les salons de la villa de Cazin qu'il ouvrit pourtant maintes fois à ses hôtes de marque. Le roi manifesta toujours une grande inquiétude à la pensée que M. Renkin pourrait pénétrer dans ces salons.

Il en gardait constamment la clef sur lui. La vérité est que Léopold II avait accumulé dans ces vastes pièces un nombre considérable d'œuvres d'art, de tableaux de prix, tout un mobilier somptueux dont l'inventaire ne fut jamais établi. Il est inutile de dire que ces richesses ne refirent plus jamais partie du domaine de la Couronne.

C'est vers cette époque, peu de jours après le

départ du ministre bénévole des Colonies belges, que la princesse Clémentine, qui résidait à Saint-Raphaël, arriva à Nice pour la fête du roi. Celui-ci alla l'attendre en automobile à la gare, où elle fut reçue officiellement. Elle déjeuna à Passable avec le roi et son officier d'ordonnance. L'après-midi, la Princesse Clémentine fit en compagnie de son père une longue promenade. Tout l'entourage du roi resta pendant cette journée sur le qui-vive, s'attendant à un esclandre.

Le matin même, Mme de Vaughan avait, en effet, prié le roi de ne point recevoir la princesse Clémentine. Celui-ci ayant persisté dans sa décision de venir, la baronne ne lui ménagea pas les menaces déguisées, et l'on ne respira que le soir, quand la fille du monarque fut partie pour Saint-Raphaël.

CHAPITRE XXIX

Les automobiles royales

Léopold II, qui était un sportif accompli, avait grandement développé à son service particulier celui de ses automobiles. Ces dernières années, le roi des Belges possédait sept grosses automobiles plus un camion, sept chauffeurs se tenant constamment à sa disposition. Le roi acheta toute la gamme automobile, depuis la plus petite auto jusqu'au monstre de course avec lequel il fit de nombreuses excursions à toute vitesse, mais qui lui assurait du même coup beaucoup d'ennuis et peu de confort. Son choix, à la fin de son règne, s'était fixé sur de confortables voitures appelées limousines, d'une force de quarante à soixante chevaux. Léopold II aimait beaucoup voyager dans ces somptueuses voitures.

De tout temps, il encouragea du reste les sports, et on le vit, dans le circuit de la Seine Inférieure, s'intéresser vivement à la marche des voitures et surtout au coureur Duray. Il parcourut toute la France et la Belgique, seul avec son chauffeur. Il recommandait toujours à celui-ci la plus grande prudence, car s'il avait sacrifié au début à la manie de la vitesse, il était revenu, à la fin, à des conceptions beaucoup plus sages ; il prenait en outre grand soin de la santé de ses mécaniciens, craignant toujours qu'ils n'attrapassent un chaud et froid.

Par contre, le roi ne put jamais souffrir les pannes en route ; les crevaisons de pneu le mettaient dans des colères folles, et tout le temps que son chauffeur passait à réparer les pneumatiques endommagés, il le tançait vertement.

Toutes les automobiles achetées par le roi des Belges sont encore à Bruxelles, exception faite de celles qui furent données à la baronne de Vaughan.

Le nouveau roi des Belges a repris pour son service personnel toutes les voitures de son prédécesseur, et seule la princesse Clémentine a pu conserver sa limousine particulière.

Le baron Snoy était le grand chef de tout le service automobile, c'est lui qui se chargeait de préparer tous les voyages par la route du souverain ; il s'occupait de l'entretien des voitures, des laissez-passer, des questions de douane. Détail particulier, les chauffeurs d'automobiles étaient belges ; un seul, le premier, était Français.

Le roi eut toujours pourtant une prédilection marquée pour les chauffeurs français et si, en ses derniers temps, il n'en restait plus qu'un seul qui, du reste, était le mieux payé, la raison en était le baron Snoy, qui trouvait que les étrangers étaient trop exigeants et que la Belgique fournissait de très bons chauffeurs au salaire très modéré de cent cinquante à deux cents francs (c'est-à-dire le même montant que celui qu'accordait le roi Albert Ier).

Toutes les voitures automobiles appartenant à la baronne de Vaughan étaient munies du laissez-passer accordé au roi et le mécanicien de la favorite possédait le coupe-file de la sûreté générale de couleur bigarrée, le même qui était remis aux commissaires spéciaux dans les voyages officiels ; ce coupe-file supprimait pour Mme de Vaughan tous les obstacles de la route.

Le roi, dès l'apparition du tricycle, fut un des fervents adeptes de cet instrument ; il en faisait beaucoup dans le parc royal ou, en cas de mauvais temps, dans l'orangerie du palais. Il appelait son tricycle « l'animal ». Il se faisait toujours accompagner par un valet de pied qui avait reçu la mission délicate et pénible de pousser la machine quand le roi montait une côte et de courir derrière lui quand le souverain roulait à toute allure en terrain plat ou sur une route en pente. Un matin, Léopold II ayant fait une excursion du côté opposé au poste de garde, traversa un chemin en fort mauvais état et formant un dos d'âne. Ayant mal calculé sa direction, la roue de devant tourna brusquement et le souverain, faisant une embardée, alla tomber dans un massif de rhododendrons où il disparut complètement.

Son serviteur, qui le suivait toujours par-derrière, arriva en toute hâte pour le sortir de cette situation pénible. Le roi rentra au château, la barbe et les oreilles remplies de terre et, depuis ce jour, « l'animal » fut remisé.

Le souverain portait du reste une grande vénération à son tricycle. L'« animal » était l'objet des soins spéciaux d'un domestique chargé de le nettoyer et de le graisser religieusement.

Après le tricycle, le souverain fit un peu de bicyclette mais l'automobile détrônant rapidement cette dernière, il sacrifia à la mode commune et abandonna sa bécane et le vétuste « animal ». Il acheta bientôt sa première voiture qui devait le conduire à d'autres acquisitions beaucoup plus importantes.

CHAPITRE XXX

Comment avons-nous quitté Laeken

Le lendemain des obsèques du roi, le baron Snoy appela tout le personnel et dit aux domestiques qu'étant démissionnaire, il leur faisait ses adieux. Il conseilla à ceux d'entre eux qui désiraient entrer au service du nouveau roi de faire une demande et à ceux qui croyaient avoir droit à une indemnité de s'adresser à la liste civile. Puis, ayant salué ses subordonnés, le baron Snoy quitta le château. Jamais nous ne devions le revoir.

Il est inutile de dire que jamais non plus il ne s'occupa des demandes adressées à la liste civile, tous les personnages chargés de ce service étant également démissionnaires.

Le nouveau commandant du palais nous fit savoir brutalement qu'il ne conserverait plus d'étrangers auprès du nouveau roi. Tous les Français durent quitter le palais.

Deux valets de pied de nationalité belge furent congédiés en même temps que les étrangers, sous le prétexte qu'ils avaient accompagné le roi pendant les deux dernières années de son règne. Le nouveau souverain se refusa absolument à conserver un personnel ayant pu être en relation avec la baronne de Vaughan. Pourtant, le fidèle Martin fut repris comme concierge, avec augmentation de traitement. Or, Martin s'occupait beaucoup plus sous le règne de Léopold II de la maison de la favorite que de celle du roi. Il fut le seul à bénéficier d'une injuste exception.

Du reste, toutes les indemnités promises ne furent réglées par la succession que sous la menace d'un procès. On paya pour éviter des discussions pénibles et c'est ainsi que nous fûmes mis sur le pavé et contraints de quitter cette Cour où les scandales ne manquaient pas !

TABLE DES MATIÈRES

Achevé d'imprimer en CE
Sur les presses de SNEL